广播影视
科技发展史概略

金文中 李建新 编著

中国广播电视出版社
CHINA RADIO & TELEVISION PUBLISHING HOUSE

图书在版编目（CIP）数据

广播影视科技发展史概略／金文中，李建新编著.
—北京：中国广播电视出版社，2013.1
ISBN 978-7-5043-6748-8

Ⅰ.①广…　Ⅱ.①金…②李…　Ⅲ.①广播技术—技术史—研究—世界②电影技术—技术史—研究—世界③电视—技术史—研究—世界　Ⅳ.①G229.19

中国版本图书馆 CIP 数据核字（2012）第 267801 号

广播影视科技发展史概略

金文中　李建新　编著

责任编辑	樊丽萍
装帧设计	亚里斯
责任校对	张　哲

出版发行	中国广播电视出版社
电　话	010-86093580　010-86093583
社　址	北京市西城区真武庙二条 9 号
邮　编	100045
网　址	www. crtp. com. cn
电子信箱	crtp8@ sina. com

经　销	全国各地新华书店
印　刷	涿州市京南印刷厂

开　本	787 毫米×1092 毫米　1/16
字　数	250（千）字
印　张	13.5
插　页	12（面）
版　次	2013 年 1 月第 1 版　2013 年 1 月第 1 次印刷
册　数	4000 册

书　号	ISBN 978-7-5043-6748-8
定　价	32.00 元

前　言

　　1895 年，俄国物理学家波波夫试验成功无线电收发装置，法国发明家卢米埃尔兄弟首次公映了他们拍摄的电影。自此诞生了广播影视技术。

　　广播影视的出现，距今不过百余年。但这一百年是科技迅速发展的时代，尤其近数十年，科技发展更是日新月异。广播影视系统始终将新技术融入自己的各个领域，使其站到先进科技的行列。

　　广播影视是一门艺术，但其发展却在很大程度上依托于技术。确切地说，广播影视是艺术与技术的完美结合。高新的科技手段使高超的影视艺术发挥得尽善尽美。

　　从事广播影视工作的人员都应了解一些本行业科技发展的历史，这有利于掌握科技发展动向，促进本行业的事业发展。然而，如全面了解这方面的知识需查阅大量的资料。为使一般人既能对广播影视科技发展史有个梗概了解，又不致耗费过多的时间精力，我们编写了这本《广播影视科技发展史概略》。该书能给广播影视工作者及爱好者提供一个了解广播影视科技发展历程的窗口，也能给系统学习和研究这方面历史的人员提供一份索引式参考资料。

　　由于我们的水平及能力所限，书中定有很多疏漏和谬误，恳请专家和同仁们不吝指正。

　　愿此书能给有兴趣于广播影视技术发展历程的读友们些许帮助。

编　者

2012 年 5 月 15 日

目　录

第一篇　广播电视科技发展简史

— 1 —

第二篇　我国广播电视事业发展简介

第三篇　电影发展简史

第一篇

广播电视科技发展简史

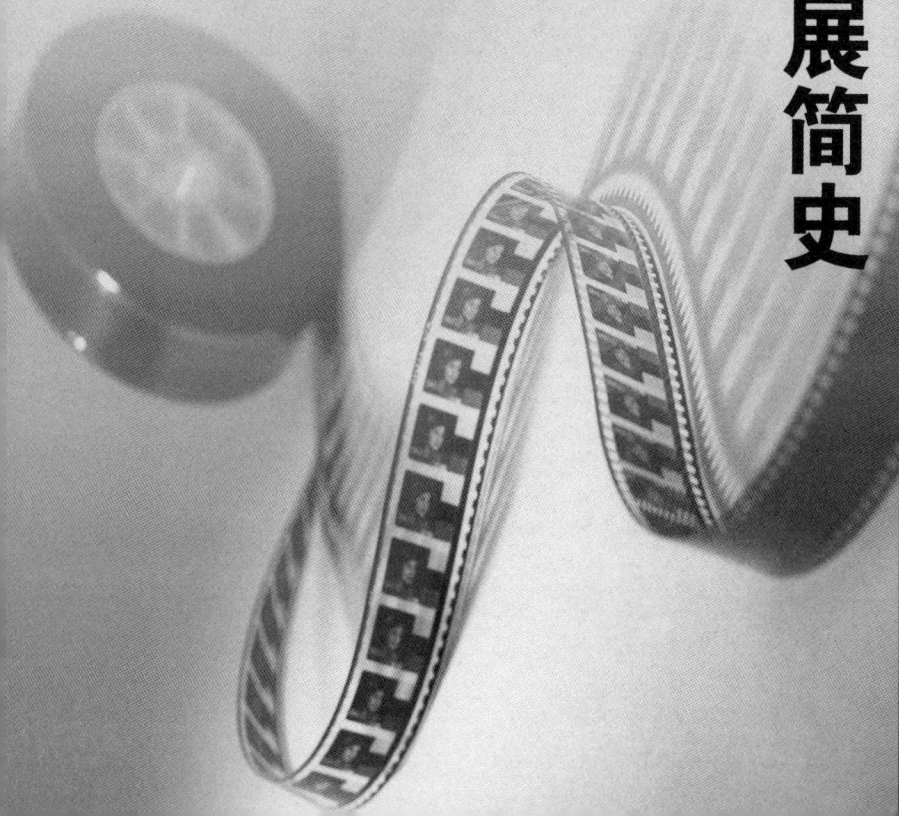

第一章 基础理论和实验

一、基础理论

1831 年,英国物理学家法拉第(1791～1867)发现了电磁感应现象,并在 1851 年确立了电磁感应定律,为无线电技术奠定了理论基础。

英国物理学家法拉第

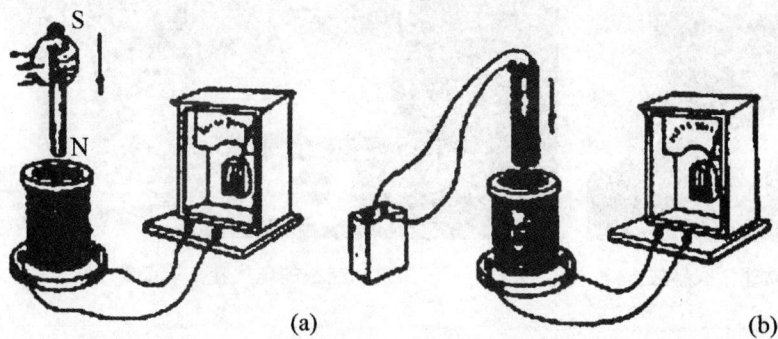

(a)   (b)

法拉第电磁感应实验示意图

1864 年,英国物理学家麦克斯韦(1831～1879)归纳了法拉第的理论,将所有电磁现象概括为麦克斯韦方程,以数学的形式预言电磁波的存在,即:电磁波是交变的电场和磁场,它以横波的形式用光速在空间传播。

英国物理学家麦克斯韦

$$\begin{cases} \oint D \cdot ds = q \\ \oint B \cdot ds = 0 \\ \oint E \cdot dl = - \iint \frac{\partial B}{\partial t} \cdot ds \\ \oint H \cdot dl = I + \iint \frac{\partial D}{\partial t} \cdot ds \end{cases}$$

或 $$\begin{cases} \nabla \cdot D = \rho \\ \nabla \cdot B = 0 \\ \nabla \times E = - \frac{\partial B}{\partial t} \\ \nabla \times H = J + \frac{\partial D}{\partial t} \end{cases}$$

麦克斯韦方程组

1886～1887 年,德国物理学家赫兹（1857～1894）通过火花放电实验,证明了电磁波的存在,验证了麦克斯韦的预言,并于 1888 年 1 月测出电磁波的速度,1 月 21 日完成了著名论文《论电动力学作用的传播速度》。为此,1888 年 1 月 21 日被定为"电磁波发现日"。

德国物理学家赫兹

赫兹的电火花实验装置

二、基础实验

1895 年 5 月 7 日，俄国物理学家波波夫（1859～1906）在彼得堡俄国物理化学学会上展示了他发明的无线电收发装置，并预言可利用电磁波进行远程通讯。

俄国物理学家波波夫

波波夫发明的无线电接收器

1896 年，意大利科学家马可尼（1874～1937）也成功地进行了无线电报的通讯试验。

意大利科学家马可尼

马可尼发明的无线电收发装置

第二章　广播的发明及发展

一、广播的发明

1902 年，美国人内森·B·斯塔布菲尔德（1860～1928）在肯塔基州穆雷市进行了世界上第一次无线电广播实验，把声音用无线电波传播出去。之后又在费城进行了实验，并获得了专利权。为此，美国肯塔基州立穆雷大学至今还树有"无线电广播之父——内森·B·斯塔布菲尔德"的纪念碑（见彩图1）。

内森·B·斯塔布菲尔德（左）和他做实验的场景（右）

二、广播的发展

1. 调幅广播

美国物理学家费森登（1866～1932）经过几年努力，发明了对无线电波的调制方法，即使高频连续波的幅度随声音信号变化，这就是目前一直沿用的调幅广播原理。

美国物理学家费森登 　　　　　　1906 年费森登进行无线电广播的实验

1906 年 12 月 24 日，他用这种方法通过马萨诸塞州布朗特岩城国家电器公司 128m 高的无线电塔，成功地进行了一次语言和音乐的无线电广播，使行驶在大西洋上的轮船报务员们从无线电报机中收听到圣诞歌曲。

费森登进行无线电广播实验的布朗特岩城发射站（左）和发射塔（右）

●世界上第一座广播电台

1920 年 11 月 2 日，美国西屋电气公司在美国的匹兹堡开办了世界上第一座有正式营业执照的广播电台——KDKA 广播电台。其工作频率是 833kHz，发射功率为 100W。

1921 年的广播电台工作室

2. 调频广播

●调频广播的发明

1933 年，美国工程师阿姆斯特朗（1890～1954）发明了调频原理。所谓调频就是使高频连续波的频率随声音信号变化，并从此开发了超短波频段（88MHz～108MHz）电磁波的应用。1939 年，他在美国建立了第一个调频广播发射站。

美国工程师阿姆斯特朗

最早宣传调频广播的广告

●立体声调频广播的发明

20 世纪 50 年代末，美国工程师赖纳德·康最先研制出立体声广播系统。所谓立体声广播系统，就是按声音在空间的分布位置，将其分成左、右两个声道，分别录制，然后通过一定的办法合成后调制到高频电磁波上发送出去。接收端再将两声道的声音还原，并用在空间处于不同位置的扬声器将其分别播放，这就使听者有身临现场的声音方位感。1960 年，在加拿大蒙特利尔广播站首次利用此种系统进行了调频立体声广播。

3. 数字广播

广播电台所播出的节目，如从制作、播出、传输、发送以至接收，都是以数字信号的形式出现，则称之为数字广播。

● 世界数字广播发展状况

因数字广播有三种传输形式，所以数字广播分三大类，即：地面数字广播、卫星数字广播（通称数字卫星广播）和网络数字广播。

【地面数字广播】

地面数字广播又分三种系统，即：DAB 系统、DMB 系统和 DRM 系统。

◆DAB 系统

DAB 是 Digital Audio Broadcasting 的简写，意即数字音频广播。目前国际上有三种 DAB 制式：一是欧洲的尤里卡 147 – DAB 制式；二是美国的带内同频的（IBOC）DAB 制式；三是日本的单套节目的 DAB 制式。其中以欧洲的尤里卡 147 – DAB 制式应用最为普遍。

1980 年，德国广播技术研究所就开始对地面数字音频广播进行研究。1985 年，在德国慕尼黑进行数字音频广播（DAB）实验。1986 年，德、英、法等国组成尤里卡（Eureka）联盟，制定出尤里卡 –147 系统作为 DAB 标准，于 1988 年 1 月 1 日开始执行。

尤里卡 – 147 系统是在 47MHz ~ 790MHz 频段内，采用正交分频多任务技术（OFDM）传送相当于 CD 质量的立体声节目。

尤里卡 –147 系统的主要优点是：①节约频率资源，可在大面积区域内实行窄带单频覆盖；②发射功率小而覆盖面积大；③抗干扰能力强而使接收质量高；④适用于高速移动接收。

现今世界上已有 30 多个国家和地区开播了 DAB 广播节目。

英国 2002 年生产的 DAB 接收机

◆DMB 系统

DMB 是 Digital Multimedia Broadcasting 的简称，意即数字多媒体广播。DMB 是

在数字声音广播 DAB 的基础上发展而来，它不再是单纯声音广播，而是一种能同时传送多套声音节目、数据业务和活动图像节目的广播。

DMB 系统与 DAB 一样，既可在室内外进行固定式接收，又可在室外进行高速移动接收。由于它可向受众提供图文声像等多种信息，所以它拥有广阔的服务市场，如音频服务、移动影视节目服务、交通信息服务、经济信息服务以及网络服务等市场。

DMB 将成为今后广播的主流形式，逐渐取代传统的调幅（AM）广播及调频（FM）广播。

韩国生产的 DMB 接收机

◆DRM 系统

DRM 是 Digital Radio Mondiale 的简称，意即世界数字广播（Mondiale 是法文，意为"世界的"）。

DRM 概念最早由法国提出。1996 年，法国便着手研究中、短波频段的数字广播问题。为促进新标准的诞生，1998 年 3 月在中国广州成立了一个国际民间组织——"数字广播联盟"，通常就称之为 DRM。该联盟在 2000 年完成了建议书，2001 年国际电联（ITU）通过该建议书，形成 DRM 系统建议。该建议于 2001 年经欧洲电信标准学会（ETSI）认可，成为 DRM 系统的标准。2003 年 6 月 16 日，世界 DRM 组织在日内瓦宣布了 DRM 的标准，几十家广播机构对 DRM 系统进行试验运行，证明其效果良好。此系统无专利，鼓励全世界都使用。目前，国际电联广播业务组（ITU – R）已经决定将 DRM 技术作为全球短波频段数字声音广播的制式。

DRM 系统可称为"数字调幅广播"，它可用于长、中、短波频段，频带与原来一样，无须重新规划。其信源编码用 MPEG – 4 的子系统，调制器采用 OFDM 技术。其优点是能在调幅广播的带宽（10kHz）内播出单声道调频质量的广播及传送图片、文本等数据业务。只要带宽足够，还可以进行立体声广播。它比模拟广播抗干扰能力强，可用于移动接收。在保持原覆盖范围的情况下，它可降低约 3/4 的发射功率，有效地节约了能源。此外，只要在原有 PDM、PSM、DM 等系列的发射机上添加部分设备，即可改造成 DRM 系统。这有利于模拟中、短波广播向数字广播过渡。DRM 的发展前景是逐步取代目前的模拟调幅广播。

【数字卫星广播】

数字卫星广播就是利用卫星来传送数字声音信号的广播。

◆概述

20 世纪 80 年代末，欧洲率先在世界上实现了数字卫星广播（DSR）。DSR 只传送声音而不传输数据等其他业务。DSR 虽传送的声音质量很好，但因没采用数字压缩技术而频谱利用率很低，并且不能进行移动接收，所以很快被淘汰。

之后，又出现了两种数字卫星广播模式，即欧洲的阿斯特拉（ASTRA）数字卫星广播系统和美国世广数字卫星广播公司（World Space）的全球数字声音广播系统。

◆阿斯特拉数字卫星广播系统

阿斯特拉是欧洲卫星广播组织的名称，总部设在布鲁塞尔。该组织开发的数字卫星广播系统称 ASTRA Digital Radio，简称 ADR，即阿斯特拉数字卫星广播系统。该系统使用了数字压缩技术，既可传输模拟电视节目，又可传输声音广播节目。其缺点是不适于移动接收。

◆世广卫星系统

美国世广数字卫星广播公司（简称世广公司）成立于 1990 年，是一家专门为发展中国家提供数字音频和多媒体卫星直播技术服务的跨国公司，总部设在美国华

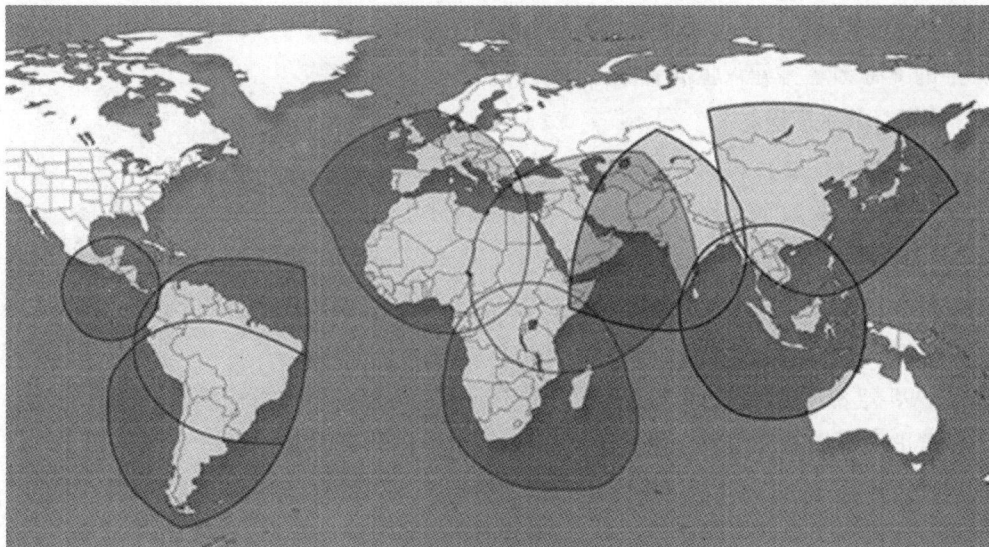

世广卫星全球覆盖图

盛顿。从 1990 年起，该公司便投入巨额资金，创建了世广卫星系统。目前，该系统是唯一能在全球范围内提供个人接收数字音频和多媒体节目的卫星直播系统。整个系统由定位于赤道上空 35000km 处的三颗地球同步卫星构成，它们分别是：非洲之星（21°E）、亚洲之星（105°E）和美洲之星（95°W）。三颗卫星能覆盖 120 多个国家，受众人口约为 52 亿。

世广卫星系统既可进行固定接收，又可进行移动接收。在亚洲、欧洲、非洲和中东的任何地方，包括偏僻的乡村和普通广播所不能达到的地方，都能收听世广卫星系统的多媒体广播。世广卫星系统广播的音质清晰透明，无衰落和噪音，接近 CD 质量。

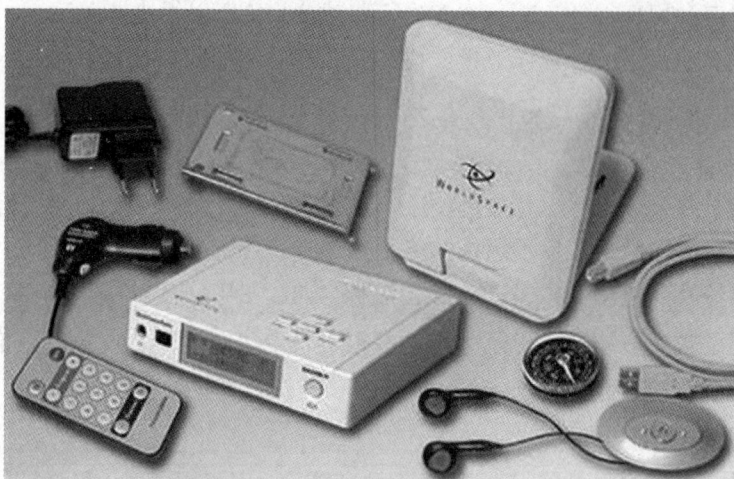

世广卫星收音机

国际电联已于 1997 年接受世广卫星系统为国际卫星数字声音和多媒体广播推荐标准的 D 系统，并建议世界各国选择使用。

【网络数字广播】

网络数字广播有两种形式：一是通过有线广播电视网进行传输，用户通过机顶盒解码便可接收数字音频广播信号；另一是通过互联网传输，即所谓网上广播。

目前网上广播节目的播出形式大体上有两种：一是在线广播，它与广播电台播出的节目同步，此种形式时效性强；二是节目点播，网上见诸于文字的新闻和其他各类专题，都可以按受众需要提供点击收听服务。

1995 年 8 月，美国 ABC 广播公司首先利用互联网对全球进行播出。随后，世界上主要的国际广播公司也纷纷涉足互联网络。

网上广播具有如下优势：一是全球覆盖优势，广播节目一旦进入互联网，就可面对全球网络用户；二是受众不受电台播出时间的限制而按照自己的意愿自由选择自己想听的节目；三是网上广播可为受众提供一个超越广播范畴的丰富信息资源；

四是网络为受众提供了广阔的交流空间，改变了听众只有通过热线电话才能与电台联系的方式。

● **我国数字广播发展状况**

【地面数字广播】

◆DAB 系统

1995 年，我国与欧共体签订了合作计划，引进尤里卡 147 – DAB 标准。1996 年12 月，用引进的德国地面数字音频广播（DAB – T）设备，在珠江三角洲地区建立了我国第一个数字音频广播（DAB）先导网。2000 年 6 月，又在北京——廊坊——天津建立了第二个 DAB 先导网，两网都取得了阶段性实验成果。

我国建立 DAB 先导网之初，普及 DAB 广播的瓶颈是接收机。1996 年，国内能买到的 DAB 收音机售价竟然高达 4200 英镑（约合人民币 43000 元），不能为一般平民所承受。为此，国内清华大学等单位开始积极研制面向国内民众市场的 DAB 收音机。到目前，国内已有多个厂家能生产物美价廉的 DAB 收音机。

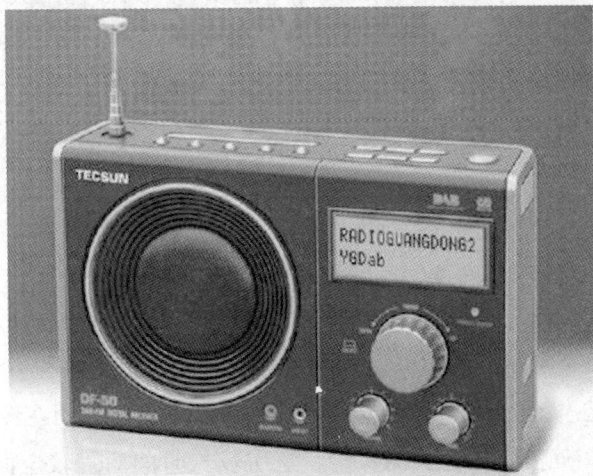

国产"德生牌"DAB 收音机

◆DMB 系统

我国广东已于 1999 年完成了从 DAB 向 DMB 技术的过渡，随后，在珠江三角洲成功地进行了 DMB 试播。2003 年 8 月，佛山电台、粤广公司的工程人员成功地在佛山的公交汽车上安装了首台数字多媒体广播（DMB）接收机，使乘客可以在车上享受到高质量的广播和实时视频新闻。

经国家广电总局批准，广东与上海、北京在对移动多媒体技术进行试验的基础上，率先开通 DMB 电视试商用业务。

2003 年 9 月，第一代 DMB 接收机已在广东地区首次投入市场，价格不到 3000元人民币。2004 年 6 月，第一代车载式多功能 DMB 接收机研发成功并投入批量生产；2004 年年底，性能优良的第二代小型机顶盒式 DMB 接收机上市，价格只有 1300 元。到 2008 年，功能全面、性能优良、价格平易的各类 DMB 接收机已充满市场，可满足各层次消费者的需求。

能接收 DMB 的国产车载接收机

◆DRM 系统

中国是 DRM 协会成员之一。2000 年 4 月，我国与法国合作，在北京与海南之间进行了第一次 DRM 传输试验。

2003 年年初，广东省广播电视技术中心采用美国哈里斯公司（Harris）生产的 DX－10kW 中波数字发射机及 DRM 演示包（包括内容服务器和 DRM 调制器），对现有发射机和传输系统的 DRM 性能进行测试，并用 5 天的时间在珠海、中山等地的 11 个室外地点和 2 处室内进行收测实验。这次较长时间而且较全面的 DRM 数字中波广播实验，在国内是第一次。

2004 年 1 月 6 日，国家广电总局发布了《广播影视数字发展年工作要点》，准备积极推进广播覆盖的数字化，并在京津地区、长江三角洲、珠江三角洲等地区进行数字中波广播实验。

2004 年年底，国内部分条件具备的发射台开始进行发射机的数字化改造和试播数字节目；国内部分发射机生产厂家也与外商合作研制开发适应中国国情的 DRM 发射机。

由于当时能接收 DRM 广播的接收机成本较高，离数字中、短波广播市场化还有一定的距离，所以国内生产收音机的厂家也开始研制 DRM 接收机。到目前，面向低端消费者的 DRM 接收机已见于国内市场。

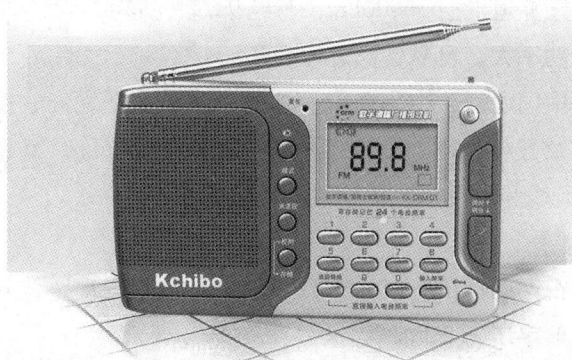

国产"凯隆牌"DRM 接收机

【卫星数字广播】

世广卫星可以做到对整个中国国土的覆盖。世广公司在中国还设了分支机构和办事处。为开拓中国市场，世广公司还专门设计了符合中国国情的具有接收多媒体数据服务功能的接收机。

中国通信广播卫星公司是世广公司"亚洲之星"东北波束在中国内地相关业务的独家代理，已建成"世广"卫星上行站，可开通中国地区的卫星多媒体业务，并推出"世广卫星数字多媒体直播"服务。

2000 年 12 月，以中央人民广播电台为主的试验组用了半年多时间，对覆盖中国领土的"亚洲之星"东北波束进行了声音广播直播试验，获得了较好的效果。

目前我国的中国国际广播电台华语台通过"亚洲之星"播出。

我国的技术政策是研制和发射自己的音频直播卫星。2008 年 6 月，我国成功地发射了自己的直播卫星，即中星 9 号卫星。

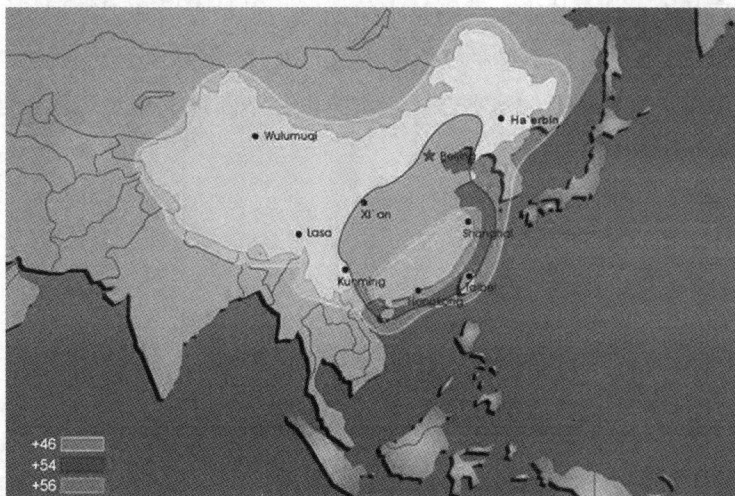

中星 9 号场强（有效全向辐射功率）覆盖图

中星 9 号定位于赤道上空 36000km，东经 92.2°。该星是我国唯一的广播电视直播卫星。其特点是功率大、可靠性高、寿命长。

该星上直播着中国之声、中华之声、神州之声、华夏之声、民族之声、音乐之声等中央台的节目及各省、市、自治区的 1～2 套广播节目，节目总套数近 50 套。用 35cm 卫星接收天线和专用接收机便能进行接收。

【网络数字广播】

我国的有线电视网中都传有广播节目，已进行数字电视整体转换的有线电视网络都传输着若干套数字广播节目。

1996 年 10 月，广东人民广播电台率先在互联网上建立自己的网站，随后，上海人民广播电台、中央人民广播电台、北京人民广播电台等都先后建立了自己的网站，推出了网络广播。截止到 2008 年，各省市自治区及地市级广播电台都建了自己的网站，可进行在线同步广播及节目点播。

三、我国广播技术发展展望

国家广电总局制定的广播影视科技远景规划明确指出，到 2015 年，将停止模拟广播电视的播出。不久的将来，广播节目的采集、制作、存储将全部实现数字化；传输、交换全面实现网络化；播出则实现全自动化。全国省级以上的广播电台将普遍实现网上广播。

在无线广播发射方面，将以数字声音广播（DAB）、数字多媒体广播（DMB）、数字调幅广播（DRM）及数字卫星广播等多种手段取代目前的调频、调幅模拟广播。

随着数字技术、信息技术、网络技术的发展，卫星直播和因特网相结合是一种趋势。建立宽带多媒体直播卫星系统，IP 协议与 DVB 标准相融合，为多媒体宽带信息网的建设提供了一种全新的解决方式。我国也在不断地探索更为大众所接受并具有高新技术含量的广播模式。

第三章　电视的发明及发展

一、电视的发明

1. 电视的原始概念

1842 年，美国发明家萨缪尔·莫尔斯（1791~1872）试制出第一个真正可以使用的无线电报机。自此，科学界便开始思考通过线路发送图像的可能性。

美国发明家萨缪尔·莫尔斯

莫尔斯发明的电报机

1843 年，英国电器工程师亚历山大·拜恩（1818~1877）发明了一台最原始的传真机。

1856 年，意大利西耶那的神甫乔瓦尼·卡塞利发明了一种能够传递文字和固定图像的传真电报机。1865 年，卡塞利利用他发明的传真电报机实现了巴黎到里昂之间的音乐总谱画面的传送。

1873 年，英国科学家约瑟夫·梅证实了硒元素的光电效应，并证明了光与电之间可以相互转换，为发明电视提供了理论依据。

英国科学家约瑟夫·梅

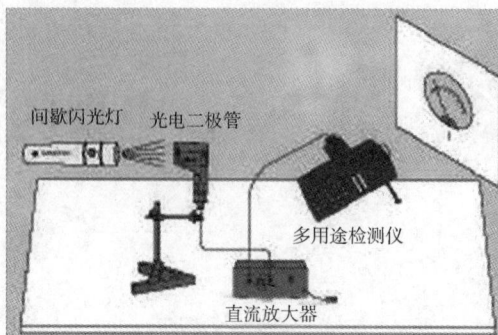

光电效应演示装置

1883 年 12 月,德国工程师尼普科夫（1860～1940）发明了尼普科夫圆盘。此圆盘转动时可对图像进行顺序扫描,将图像分解,然后通过硒光电池进行光电转换来实现图像电传。他用此装置做了图像传送实验并提出电视的原始概念。

德国工程师尼普科夫

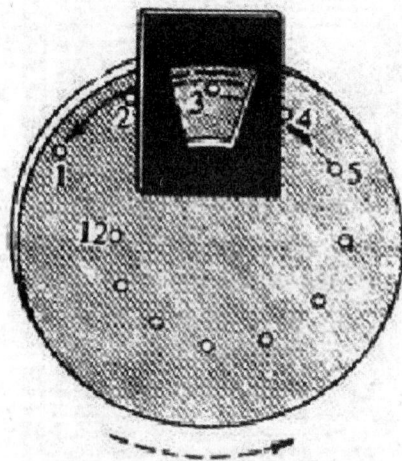

尼普科夫圆盘

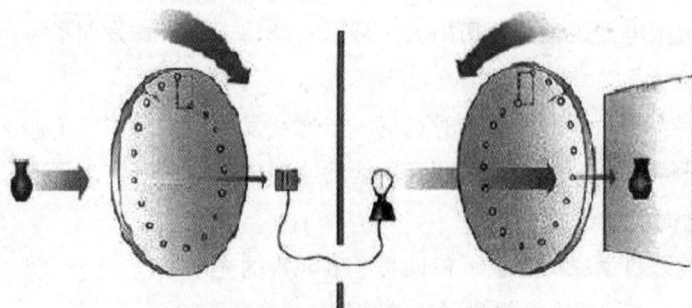

尼普科夫圆盘工作示意图

2. 电视的发明

●机械黑白电视

英国科学家约翰·洛吉·贝尔德（1888～1946）根据尼普科夫圆盘，发明了机械扫描电视收发装置，于 1925 年 10 月 25 日成功地传送出世界上第一张真人图片。

1926 年 1 月 26 日，英国广播公司（BBC）用贝尔德研制的设备进行了世界上第一次机械黑白电视播出。为此贝尔德被誉为"电视之父"。

英国科学家贝尔德

贝尔德在实验室工作

电视最早传送的图片

贝尔德和他的机械电视机

●电子黑白电视

1907 年，俄国科学家罗申克和英国科学家坎普贝尔·史文顿提出电子扫描原理，为现代电子电视提供了理论基础。

1922 年，年仅 16 岁的美国科学家菲洛·泰勒·法恩斯沃思（1906～1971）构思了利用无线电传递图像的设计，1926 年，他获得了电子电视的发明专利，在美国被誉为"电视之父"。

美国科学家法恩斯沃思（左）和他的电视机（右）

1929 年，美籍俄裔科学家兹沃尔金（1889～1982）试制成功了电子电视系统和电视显像管。1933 年，他又研制成功电子摄像管，从此使电视的摄像与显像完全电子化，为现代电子电视系统奠定了技术基础。

美籍俄裔科学家兹沃尔金　　　　　　兹沃尔金与同事们在进行实验

与此同时，英国俄裔科学家休恩伯格（1880～1963）主持的电视研究小组制造出包括摄像管、显像管及周边设备在内的完整而实用的电子系统，并提出帧频和行频标准，得到英国政府的授权采用。

●**世界第一座电视台**

1936年11月2日，英国广播公司在伦敦市郊的亚历山大宫（见彩图2）建成世界第一座正规电视台。开始时使用贝尔德发明的机械电视系统，四个月后改用休恩伯格研制的电子扫描系统，至此开始了电子黑白电视时代。

●**电子彩色电视**

【彩色电视的发明】

1940年，美国的古尔马研制出机电式彩色电视系统。1949年，美国无线电公司首次研制出世界上第一只三枪三束荫罩式彩色显像管。1951年，美国试播了一种与黑白电视不兼容的场顺序制电子彩色电视，没被推广。1953年，美国联邦通信委员会（FCC）批准了NTSC兼容制电子彩色电视。

1954年，美国全国广播公司、哥伦比亚广播公司采用此制式首次播出彩色电视节目，自此开始了电子彩色电视时代。

早期彩色电视接收机的调试场景

【彩色电视的制式】

当前国际上通用的黑白与彩色电视兼容的制式有三种，即：NTSC（正交平衡调幅）制、SECAM（行轮换调频）制和PAL（正交平衡调幅逐行倒相）制。

NTSC制又称N制，是美国国家电视标准委员会于1952年12月制定的彩色电视广播标准。该种制式的优点是解决了彩色电视与黑白电视的兼容问题；缺点是容易产生相位失真，色彩不太稳定。目前使用该种制式的主要有美国、加拿大、墨西哥等大部分西半球国家及台湾、日本、韩国、菲律宾等亚洲国家和地区。

SECAM制又称塞康制，是法国在1956年提出，1966年研制成功的一种彩色电视制式。该种制式的优点是抗干扰能力强，彩色效果好；缺点是兼容性差。目前使用该种制式的主要有俄罗斯等独联体国家、法国、埃及以及非洲和北美、南美等一些法语系国家和地区。

PAL 制又称帕尔制，是前联邦德国于 1962 年在综合了 NTSC 制技术成就的基础上研制出的一种改进方案。该种制式的特点是对相位失真不敏感，图像彩色误差较小，与黑白电视的兼容也较好。根据不同的参数细节，PAL 制又可划分为 PAL、PAL – B、PAL – D、PAL – G、PAL – H 等 10 个制式。目前使用 PAL 制的主要有德国、英国等一些西欧国家以及新加坡、香港、澳大利亚、新西兰等国家和地区。

我国采用的是 PAL – D 制。

二、电视的发展

1. 数字电视

● 数字电视基本概念简介

数字技术是提高电视质量的一种手段。从节目采集、制作、存储、播出到传输、接收全部都采用数字技术的电视称数字电视（DTV）。

数字电视的概念早在 1948 年就已提出，但直到 1982 年以后，随着相关国际标准的制定、数字压缩技术的不断成熟和超大规模集成电路的诞生，数字电视技术才进入实用化阶段。

数字电视的标准可归纳为两类：一类是图像处理，另一类是传输模式。

有关图像处理的主要标准有：

1982 年 2 月国际无线电咨询委员会（CCIR）提出的 601 号建议，即"电视演播室数字编码"的国际标准。

1992 年 7 月通过的"联合图像专家组"JPEG 建议，即"连续变化的静止图像数据压缩"的国际标准。

1993 年 8 月至 2000 年 11 月分期通过的"活动图像专家组"（MPEG）的建议：MPEG – 1、MPEG – 2、MPEG – 4 及 MPEG – 7（1 + 2 + 4 = 7），即"活动图像及声音信息通用编码（压缩和解压）"的国际标准。

1995 年 10 月通过的 ITU – R BT. 1201 建议书，正式确定了超高清晰度成像（HRI）的格式和规范。

有关传输模式的标准目前国际上主要有三个：

一是 1994 年欧洲国际数字视频广播组织（DVB）公布的《数字视频广播标准》（草案）。因数字电视的传输方式有三种，即卫星、有线和地面，所以该标准包括卫星传输标准 DVB – S、有线传输标准 DVB – C 和地面传输标准 DVB – T。

二是 1996 年美国"联邦通信委员会"（FCC）批准的数字电视标准 ATSC。

三是 1999 年日本数字广播专家组（DIBEG）制定的数字广播系统标准 ISDB。

我国已确定数字电视的卫星传输标准采用欧洲的 DVB – S，有线传输标准采用欧洲的 DVB – C。地面传输标准我国自行制定，是由清华大学、上海交通大学等 6 个单位共同研发的"数字电视地面广播传输系统帧结构、信道编码和调制"国家标准（GB 20600—2006）。该标准已于 2006 年 8 月 18 日颁布，2007 年 8 月 1 日开始实施。

数字电视的优点是：信号在传输中，信噪比和连续处理的次数无关，因此受外界噪声的干扰极小。在覆盖区域内，图像质量不因信号传输距离的变化而变化，因此图像清晰、稳定。此外，数字电视还能实现音频广播、信息服务、视频点播、上网浏览、远程教育等多种功能。

●**世界数字电视进展情况**

1996 年 4 月，法国开播了第一个欧洲商业化数字电视。1997 年，美国也按联邦通信委员会（FCC）提出的计划，开始实施电视数字化。到 2006 年 6 月，美国全境关闭了模拟电视。2011 年 7 月，日本全国关闭了模拟电视（因地震、海啸受灾严重的地区除外）。法国已于 2011 年 11 月关闭了模拟电视。英国计划在 2012 年 10 月关闭模拟电视。

●**我国数字电视进展情况**

【我国数字电视的发展概况】

我国数字电视的发展分两个阶段。第一阶段始于 20 世纪 80 年代，为技术准备阶段。在该阶段，部分电视台的制播系统开始进行数字化改造，并开始制作数字电视节目。第二阶段始于 20 世纪 90 年代中期，为推广实施阶段。在该阶段，自 1996 年开始，我国就对数字电视的发展进行规划和部署。之后，国内中央和各省级电视台的节目便采用 DVB – S 标准通过卫星进行传输和覆盖；有线网络也采用 DVB – C 标准传送信号，用户通过机顶盒的形式进行数字化整体平移。地面传输标准于 2006 年确定，之后便做频率规划，在全国试点推广，计划到 2015 年，全国将实现数字电视覆盖，届时关闭模拟电视。

某省级电视台数字化改造后的制播设备

某地区级城市的有线电视数字传输设备

2008 年，全国基本完成了有线数字电视的整体转换工作。北京奥运会的实况也实现了在全国范围内的数字电视转播。

【网络电视、IP 电视、移动电视、手机电视】

网络电视、IP 电视、移动电视和手机电视都是采用数字技术发展起来的传媒形式，均属数字电视范畴。

◆ 网络电视

网络电视是通过宽带网向用户提供视频节目、信息服务、互动娱乐及电子商务等宽带业务。其用户终端是计算机。网络电视台是兼具网站一切功能的新型媒体，它可通过点击网站来获取视频节目或各类信息。其特点是交互性和实时性。

2000 年，我国国创新经济研究所采用自己的网络电视传播技术建立了世界上第一家网络电视媒体平台——中国网络电视（CWTV）。它采用世界上领先的网络视频在线传播技术，突破了宽带的限制，能在因特网上高速、高清晰地传播动态图像。它全天候地在线播放电影、电视及互动广告，为社会提供了一个无国界的互动媒体平台，覆盖面遍及全球。

中国网络电视（CWTV）的台标

2006 年 4 月，中央电视台获准开展网络电视业务。之后便筹建中国网络电视台（CNTV）。该台于 2009 年 12 月 28 日投入播出，它是中国国家网络电视播出机构。该台以视听互动为核心，将网络特色与电视特色融为一体，成为面对全球的多语种、多终端的网络视频公共服务平台。

中国网络电视台（CNTV）的台标

◆IP 电视

IP 电视是网络电视的一种，它遵从 IP 协议，有固定的 IP 地址。但它并不是通过开放的因特网来传送电视，而是通过一种安全的多通道传送系统来传送电视业务，有如付费电视那样由运营商进行端对端的管理。IP 电视的用户终端一般是电视机，它必须通过 IP 机顶盒才能获取各类节目和信息，属于有条件接收。其特点是交互性和延时性。2006 年 4 月，中央电视台获准开展 IP 电视业务。

◆移动电视

移动电视是地面数字电视的一种，其特点是支持移动接收。所谓移动接收就是可在高速行驶（时速≤150km）的交通工具上，接收清晰而稳定的声音和图像。数字移动电视的频道利用率很高，用目前一个模拟频道的带宽就可传送多套数字电视节目，还可同时传送数字声音广播和数据广播。

汽车上安装的移动电视接收机

数字移动电视是一种新兴媒体，发展前景广阔。2001 年，新加坡出现了世界上第一个数字移动电视网。

2002 年 10 月，上海出现了我国内地第一个数字移动电视网。

2004 年 5 月，北京的移动电视也试播成功。此后，国内各地便出现了多个移动电视运营网络，但这些网络所采用的移动电视制式并不统一。

2007 年 8 月 1 日，我国实施了数字电视地面传输的国家标准。自此，上述网络将纳入全国数字电视地面覆盖的规划之中。

◆手机电视

手机电视是移动电视的一种，它是以手机或掌上电脑为终端开展业务的电视传输形式，其最大特点是移动性和互动性。目前，国际上实现手机电视业务的方式主要有三种：一是采用移动网络承载技术（MBMS），利用蜂窝移动网来实现。如美国 Sprint 通讯公司、我国的移动和联通公司就是采用这种方式。此种方式用支持视频功能的手机便可收看电视。严格讲它只算是一种流媒体服务，不能算手机电视。二是利用卫星和地面补点相结合的方式进行覆盖。如日韩的 S - DMB 系统、美国天狼星系统等就是采用此种方式。三是通过地面无线数字移动电视广播进行传输，如韩国的 T - DMB 标准、欧洲的 DVB - H 标准以及美国高通公司的 MediaFLO 标准等就是采用此种方式。后两种方式须在手机中安装接收模块才能进行数字电视的接收。

手机电视

我国国家广电总局在 2006 年 10 月 24 日正式颁布了中国"移动多媒体广播（通称手机电视）"的技术标准（CMMB），并于 2006 年 11 月 1 日开始实施。该标准采用卫星与地面传输网相结合的技术体制，用"广播式下传 + 移动通信回传"的方式，为移动便携式终端如手机、PDA、MP4、数码相机等提供广播电视节目和信息服务。2008 年上半年启用卫星系统，形成全国网络，开始正式运营，以便为 2008 年北京奥运会提供服务。

2006 年 4 月，中央电视台获准开展手机电视业务。CCTV 手机电视也于 2006 年 12 月 11 日正式开通。

2. 高清电视

●高清电视基本概念简介

"高清"是高清晰度的简称。无论模拟技术还是数字技术都能使电视实现高清，但高清电视必须采用专用显像管。因为图像清晰度是由扫描线数和显像管分辨率两者决定的。

电视图像的清晰度分四个等级，即普及型、标准型、增强型和高清型。任何等级的清晰度都可用数字技术去实现，为此数字电视可按清晰度分为四种：普通清晰度电视（LDTV），其图像具有 VCD 水平；标准清晰度电视（SDTV），其图像为演播室水平；增强清晰度电视（EDTV），其图像高于 DVD 水平；高清晰度数字电视（HDTV），其图像具有 35mm 宽银幕电影的水平。其中高清数字电视的屏幕宽高比为 16：9，接近电影院宽银幕的比例。

宽高比为 16：9 的高清数字电视屏幕

各种等级的清晰度都可用扫描格式来表示。扫描格式的表示方法为：水平象素数 × 垂直扫描线数，其中垂直扫描线的脚注标出扫描形式。扫描形式有两种：一种用 i 表示，代表隔行扫描；另一种用 P 表示，代表逐行扫描。高清晰度电视的扫描格式有三种标准，即：1280 × 720p，1920 × 1080i 和 1920 × 1080p。我国采用的是 1920 × 1080i/50Hz 标准（其中 50Hz 为帧频）。

●世界高清电视进展情况

早在 1964 年，日本就开始研究高清晰度电视，不过他们是致力于完善模拟电视的清晰度，并在 1985 年建立了 1125 线、每秒 60 帧的 MUSE 制式。

高清晰度数字电视是美国于 1987 年首先提出的，并于 1995 年正式确定 HDTV 地面广播方式及产品规格。1998 年，美国正式开播高清数字电视节目，目前已淘汰模拟电视，代之以高清数字电视。

●我国高清电视进展情况

我国从 20 世纪 80 年代末就对世界高清电视的发展进行跟踪研究。1996 年 7 月

高清晰度电视画面

启动了"九五"国家重大科技产业工程项目"高清晰度电视功能样机的研究",并成立了高清晰度数字电视总体组,负责此项工作的组织和实施。1998 年 9 月,总体组研制出我国第一套 HDTV 样机系统。

1999 年 10 月 1 日,总体组用研制出的第二代 HDTV 系统对建国 50 周年大庆阅兵式进行了现场直播。同时进行现场直播的还有国家广电总局广科院研制的另一套系统。国庆后,广科院的系统继续进行实验,每天为中南海的 50 个用户播出两小时高清数字电视节目。

我国高清电视发展的基本思路是:抓住模拟电视向数字电视转换的战略机遇,积极推进现有电视频道节目的标清电视与高清电视同播,逐步实现标清电视向高清电视的过渡。

3. 有线电视

有线电视是电视发展中的一个分支。有线电视也称电缆电视,它是通过光缆和电缆以有线的形式向用户传送视频节目。

●世界有线电视发展状况

世界上最早开办有线电视的是美国。早在 20 世纪 40 年代,美国政府就把发展有线电视提到议事日程。

20 世纪 40 年代末,美国在一些偏远乡村安装了一种"公用天线电视"系统,以解决当地居民收看电视难的问题。

20 世纪 60 年代,有线电视开始在美国一些中小城市出现,当时只是为解决这些城市居民看电视难的问题。

20 世纪 70 年代,美国的大、中城市也开始出现有线电视,此时的有线电视是为解决居民能看多套电视的问题。

20 世纪 70~80 年代,广播电视节目实现了卫星传输,加之光缆传输技术及大

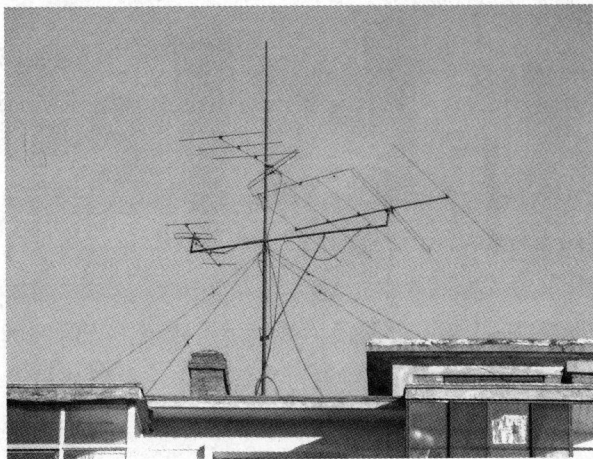

城镇居民楼顶上的电视公用天线

功率宽频带放大器技术日臻成熟，这给有线电视的发展提供了条件，使有线电视得到迅速发展，很快就出现了涵盖整座城市的有线网络系统。

1979年，英国邮政局在伦敦开通了世界上第一个"有线电视"系统。

20世纪90年代以后，光纤/同轴电缆混合（HFC）系统成为有线电视传输的主要手段。HFC系统的出现，使传输带宽由原来电缆时的300MHz～450MHz提高到750MHz以上。传输带宽的增加，不仅使传输电视节目的数量增加，而且还提高了传输质量。同时还可开展数据传输、交互电视、视频点播、高速互联网接入、电子商务等多种综合性服务业务，使有线电视的普及率空前提高。

自20世纪60年代开始，有线电视便进入欧洲、亚洲，进而遍布全世界。世界上较发达的国家如日本、英国、法国、德国、意大利等也基本是沿上述程序发展的。

到21世纪初，随着数字化技术在有线电视系统中的应用和社会信息化发展的需要，世界发达国家便将有线电视网、电信网和计算机网（因特网）"三网融合"。世界上最早研究使有线电视网高速接入因特网的国家是美国。

早在1993年，美国时代华纳集团就在佛罗里达州奥兰多市的有线电视网上进行了模拟、数字电视及数据的双向传输实验并获得成功。从此，美国的电信和有线电视运营商便纷纷转向有线电视高速接入因特网的业务。

有线电视高速接入因特网使有线电视网络的发展进入一个全新时期。

●我国有线电视发展状况

1964年，中央广播事业局专门立项研究共用天线系统（即公用天线系统），拉开了中国发展有线电视的序幕。

1974年，中央广播事业局设计院等单位在北京饭店安装了中国第一个共用天线电视系统，标志着我国有线电视的诞生。

我国有线电视的发展分四个阶段。

第一阶段是 1974～1983 年，此阶段为共用天线阶段。城镇居民楼顶大部分都安装了共用天线，解决了各家各户独自安装天线困难及天线林立而影响城镇美观的问题。

第二阶段是 1983～1990 年，此阶段为闭路电视阶段。一些宾馆、饭店和部分工矿企业开始安装闭路电视系统。这些系统能传十几套节目，解决了民众收看电视节目套数少的问题。

第三阶段是 1990～2003 年，此阶段为规范发展阶段。当时的国家政策是，鼓励建有线电视网，但国家不予投资。兴建者可自筹资金、集资建设。有线电视系统实施企业化管理，实行自收自支、自负盈亏、自担风险、自我发展的经营原则。如播自办节目，则必须经有关部门严格审批。自此，全国各城镇及居民聚居点便纷纷建有线电视网，成立有线电视台。此时建的有线电视网多为 300MHz 或 450MHz 电缆网，可传输二十几套模拟电视节目。

早期有线电视台前端机房的监控台

早期有线电视台前端机房的传输设备机架

建设有线电视网时的架缆施工现场

第四阶段是 2003 年以后，此阶段为有线电视数字化改造阶段。在此阶段，有线电视网络开始改造成光纤/同轴电缆混合（HFC）网，并开始用 DVB – C 标准传输数字电视。此时的有线电视网络可向用户传送数百套数字电视节目，还可传多路数据信息。有条件的地区又开始进行双向网建设和对已建成的网络进行双向网改造。双向网可开展宽带、VOD（视频点播）等增值业务。

三、我国电视技术发展展望

不久的将来，我国将全面实现全数字化高清电视节目的制作播出，节目传输实现多元化，省级以上电视台实现视音频广播上网，互相链接，达到信息资源共享。

在我国地面数字电视传输标准已出台的前提下，国家广电总局依据此标准重新制订频率规划，使全国逐步实现地面数字电视无线覆盖。县级以上的有线电视系统也尽快完成数字化整体平移，它们与数字电视直播卫星一起，构成我国数字电视覆盖网，届时模拟电视将关闭。同时还将建设完善的数字电视监测系统，实时地对电视播出质量及覆盖效果进行监测。

三网融合势不可挡。随着科技进步、数字技术的发展、传输协议的兼容，信息传播手段必将多元化。届时，广大受众可以在任何时间、任何地点、使用多种便利的接收工具收听收看高质量的广播电视节目和享受各种个人所需要的信息服务，迎来真正的信息时代。

第四章 传输设施的发展进程

一、传输手段发展综述

20世纪50年代初，电视还未盛行，当时的主要传媒工具是广播。为使广播远距离传输，当时使用了短波。短波靠电离层反射传播，虽能传送很远的距离，但受电离层影响很大，性能很不稳定，有严重的衰落现象。

20世纪60年代，调频技术兴起，广播远距离传输开始使用调频。调频传输不受幅度调制干扰的影响，信号稳定、质量优良。但因其只能在视线距离内传播，所以远距离传输必须采用接力方式。通常一部发射机只能传送一路广播信号。

20世纪70年代，电视兴起。为使电视远距离传播，当时采用了差转方式。由于电视也是在视线距离内传播，所以发射台与转播台之间只能在可视距离范围内。为进一步加大传输距离，则必须进行二次差转，但二次差转的效果会急剧下降。为此，有些远距离转播台还曾采用过用传递录像带的方式进行节目传输。

建在高山上的调频、电视转播台

微波技术的成熟，使其成为传输的主要手段。微波虽也是视线距离内传播，也需要接力传递，但其容量大，可传送一路电视和多路广播。微波传输稳定，受外界干扰小，所以当时在传输行列中广受青睐。特别是20世纪90年代以后，数字微波技术发展迅猛，其容量更大，抗干扰能力更强。因此，数字微波便以其传输性能稳定、传输质量优良和传输效率高而独占鳌头。

20 世纪 80 年代，卫星通讯技术日臻成熟，广播电视开始采用卫星传输。之后光缆传输技术又开始普及，广播电视又开始用光缆传输。

微波、卫星和光缆皆以性能稳定、容量大、传输质量高而见长。三者各有千秋，相互结合，互相补充，并列于当代传输的领军地位。

二、微波传输

1. 世界微波传输发展简述

微波横跨 UHF、SHF、FHF 三个频段，频率为 300MHz ~ 300GHz，波长为 1m ~ 0.1mm。微波为直线传播，远距离传输必须采取中继方式。

世界上最早的模拟微波中继通信是 20 世纪 40 年代第二次世界大战后期美国贝尔研究所建立的 TDX 系统（4GHz 频段的调频系统）。

1951 年，美国在纽约——旧金山之间成功地开通了商用微波线路。自此微波通讯开始普及推广。

20 世纪 60 年代末，日本建成世界上最早的商用数字微波中继通信系统。

20 世纪 70 年代以后，数字微波中继通信崛起，世界各先进国家皆对此进行研究开发，模拟微波逐渐被数字微波取代。

20 世纪 90 年代，出现了 SDH（同步数字体系）数字传输技术，SDH 数字微波设备迅速推广。

目前，SDH 数字微波以其频带宽、容量大以及传输性能稳定、传输质量优良、传输效率高而处于微波传输领域的主导地位。

模拟微波机架

数字微波机架

2. 我国微波传输发展简况

1959 年，我国在北京至天津之间建设了一条微波试验线路。

1964 年，完全使用国产设备的北京——天津微波线路建成。这是中国第一条正式使用的微波线路，它开创了中国利用微波进行通信的时代。当年 9 月，天津电视台在国内首次使用微波线路传送电视节目。

此后，各省开始建微波线路。到 1970 年，已有 15 个省、市、自治区能够通过微波收转北京电视台（1978 年 5 月 1 日以后改称中央电视台）的节目。

1971 年，邮电部的微波中继干线初步建成。

1975 年，我国已建成 1.4 万 km 的微波接力通信线路，经过 14 个省、市、自治区的省会及首府，担负着电话、电报通信及广播电视的传送任务。当时已有 26 个省、市、自治区可通过微波收转北京电视台的节目。而且很多省、市可以通过微波线路向北京回传部分节目，初步形成了全国广播电视微波传输网。

20 世纪 70 年代末至 80 年代初，我国绝大多数省份都建了微波传输干线，基本形成由微波干线组成的全国广播电视传输网。

自 20 世纪 70 年代开始，我国就对数字微波中继通信系统进行研制，并进行了技术引进和自主开发。20 世纪 90 年代中期，广电系统开始进行微波数字化改造。1996 年，吉林省建成国内第一条用于广播电视传输的 SDH 数字微波线路。之后，各省、市、自治区便陆续对自己所辖的模拟微波线路进行数字化改造。

据有关部门统计，截止到 2008 年，全国微波线路总长超过 96000km（其中数字微波线路约为 33000km），共有微波站（见彩图 3）2600 多座。

三、卫星传输

1. 卫星传输概述

利用同步通信卫星传输是广播电视的另一种传输手段。所谓同步卫星，就是卫星运行的速度与地球自转的速度相同，使卫星与地面某一经度处于相对静止状态。理论上讲，只要在赤道上空发射三颗高度适当、间距相等的同步轨道卫星，就可覆盖地球除南、北两个极点以外的所有地区。

卫星传输由三部分组成。一是卫星上行地球站，二是同步转播卫星，三是卫星地面接收站。卫星上行地球站负责把信号送上同步转播卫星，同步转播卫星上有转发器，转发器将接收到的信号进行放大、调制、变频后再转发出去，卫星地面接收站则负责接收同步卫星转播的信号。

卫星传输用于广播电视的工作频段有两个。一个是 C 波段，其频率范围为 4GHz～6GHz，上行频率为 6GHz，下行频率为 4GHz；另一个是 ku 波段，其频率范围为 11GHz～14GHz；上行频率为 14GHz，下行频率为 12GHz。卫星传输的信号开始是模拟的，采用调频方式；1990 年以后，逐渐改为传输数字信号，其调制方式为调相，通常采用四相调制（QPSK）和二相调制（BPSK）。

卫星直播是实现电视大面积覆盖的先进手段，它犹如阳光普照，凡是能见到卫星的地方就能接收到卫星转发的信号。由于卫星传输没有中转环节，不受高山、大型建筑物的阻挡，所以传输质量好、性能稳定可靠。此外，卫星转发器传输容量大，能同时传送多路广播、电视节目。卫星传输的缺点是会受日凌及雨衰等方面的影响。

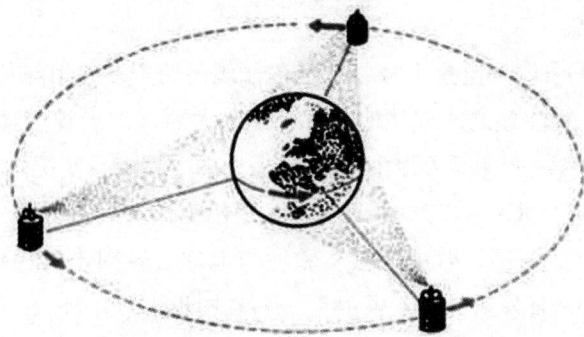

同步卫星覆盖示意图

2. 世界卫星传输发展简况

1945 年，英国科普作家亚瑟·克拉克在《无线世界》（*Wireless World*）杂志上发表了《地球外的中继》（*Extraterrestrial Relaying*）一文。他大胆地预言：如人类能在赤道上空等距离地配置三颗人造卫星，那么除南、北两极之外，地球上的任何地方，都可以通过该卫星的转播实现通信。这就是人类最早提出的卫星转播思想。

1957 年 10 月 4 日，苏联发射了世界上第一颗人造地球卫星——"斯普特尼克 1 号"（卫星 1 号），地球上第一次收到了来自人造卫星的电波。它不仅标志着航天时代的开始，也意味着一个利用卫星进行通信的时代即将到来。

1958 年 12 月 18 日，美国发射了第一颗通信卫星。虽因技术上的原因，该卫星

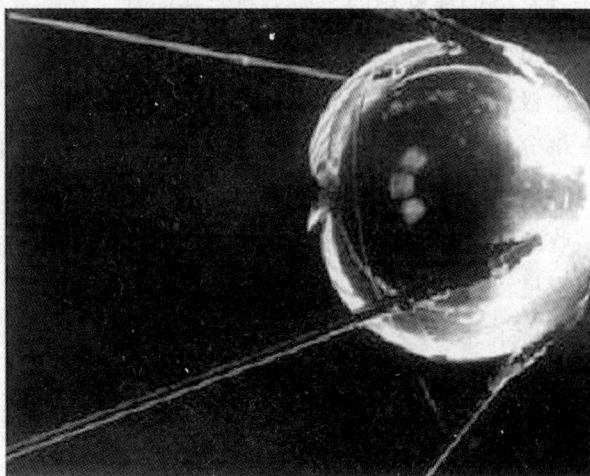

苏联发射的第一颗人造地球卫星

仅工作了 13 天，但它却标志着人类通讯事业进入卫星通信的新纪元。

1962 年 7 月 10 日，美国国家航空宇航局（NASA）和美国电话电报公司（AT&T）合作发射了世界上第一颗有源通信卫星——"电星 1 号"（Telstar I）。这颗卫星上装有无线电收发和电源设备，可对信号进行接收、处理，放大后再发射，通信质量大为提高。

1962 年 7 月 11 日，"电星 1 号"在美国缅园州的安多弗站与英国的贡希利站和法国的普勒默——博多站之间成功地进行了横跨大西洋的电视转播和传送多路电话的试验。美国观众第一次收看到大西洋东岸播出的电视节目实况。

"电星 1 号"于 1963 年 2 月 12 日失效，退出工作。

1963～1964 年，美国发射了三颗实验性与地球自转同步的相对静止轨道卫星，只有 1964 年 8 月 19 日发射的第三颗卫星——"同步 3 号"（Syncom III）完全成功。"同步 3 号"是世界上第一颗同步通信卫星，它使卫星通信进入了实验阶段。

1964 年 8 月 20 日，成立了以美国通信卫星有限公司为首的"国际通信卫星财团"，次年更名为"国际通信卫星组织"，即著名的 INTELSAT。该组织的宗旨是建议和发展一个全球通信卫星系统，供世界各国使用，以便改进各国的电信服务。该组织还确立了卫星通信体制和标准卫星上行地球站的性能标准，从而使卫星通信业务正式成为一种国际商用业务。

1965 年 4 月 6 日，国际通信卫星组织发射了一颗半试验、半实用的相对静止轨道通信卫星——"晨鸟"（Early Bird），又称为"国际通信卫星－I号"（Intelsat－1）。它作为世界上第一颗实用型商业通信卫星，为北美和欧洲之间提供通信服务，自此开创了卫星商用通信的新时代。

"晨鸟"标志着卫星通信已从试验阶段转到实用阶段。自此，同步卫星通信时代正式开始。同一年，美国广播公司首先提出卫星电视的概念。

3. 我国卫星传输发展简况

1970 年 4 月 24 日，我国第一颗人造地球卫星"东方红"一号发射成功。

我国发射的第一颗"东方红"一号人造卫星

1972 年，在北京沙河筹建了我国第一座卫星通信地面站。

1973 年 1 月 10～15 日，当时的北京电视台（中央电视台的前身）协助扎伊尔电视台通过卫星转播了蒙博托总统访华实况。这是我国首次通过卫星传送电视节目。

1978 年 6 月，中央电视台通过卫星转播了在阿根廷首都举行的第 11 届世界杯足球赛决赛实况。这是我国第一次通过卫星转播国外的电视节目。

1981 年 11 月 4 日，北京电视台租用国际通讯卫星，第一次利用卫星进行广播电视节目的播出。

1982 年 6～10 月，中国第一次在国内进行卫星通信和电视转播试验，10 个参加试验的卫星通信地面站，有 9 个被批准进入国际卫星组织的通信网使用，从此中国开始了卫星电视转播。

1984 年 4 月 8 日，中国发射了第一颗实验同步通信卫星，于 4 月 16 日 18 时 27 分 57 秒成功地定点于东经 125 度赤道上空。随后进行了通话、广播、彩色电视的传输实验，实验效果良好。这标志着中国通信技术进入了一个新阶段。

1985 年 8 月 1 日，我国租用"国际通信卫星"，用于转播中央电视台第一、二套节目，解决了老、少、边地区看电视难的问题。

1988 年 3 月 7 日，中国发射了"东方红"二号甲实用通信广播卫星，不仅可以转播中央电视台的节目，而且还可以转播地方电视台的节目。此后，又陆续发射了"东方红"三号等通信卫星，并建立了跨国范围的卫星上行地球站。

1990 年 4 月 7 日，我国替亚洲卫星公司发射了一颗国际商用通信卫星"亚洲 1号"，从 1991 年起，中央电视台便租用这颗卫星转播自己台的节目。

亚洲卫星公司卫星上行地球站的发射天线

1996 年，全国除中央电视台外，又有 17 个地方电视台的节目上了卫星。

21 世纪初，中央电视台和 31 个省、市、自治区及部分计划单列市电视台的节目实现了卫星传输。

2001 年 9 月，国家广电总局在北京西南郊建成一座广播电视卫星上行地球站；2002 年 9 月，国家广电总局又在内蒙古呼和浩特南郊建成一座广播电视卫星上行地球站。

2008 年 6 月 9 日，我国成功地发射了第一颗直播卫星——"中星 9 号"。该星共有 22 个转发器，采用卫星广播业务（RSS）专用 ku 波段，可传 200 套高清电视节目。该星供"村村通"用户使用，为公益性服务系统。2008 年 7 月 8 日，该星完成各项在轨测试，交付使用。该星的成功发射，标志着我国已进入直播卫星时代。

到 2008 年，我国已租用亚太、亚洲、鑫诺等 15 颗卫星用于广播电视节目的传输。中央电视台的节目、中央人民广播电台的节目、中国国际广播电台对外的声音广播节目、各省、市、自治区及部分计划单列市的广播电视节目都通过通信卫星和直播卫星向全国播出。

某省级卫星上行地球站的天线场

截止到 2008 年，全国共有卫星上行地球站 34 座，移动卫星转播车 60 辆，卫星地面接收站（见彩图 4）近 1739 万座。

四、光纤传输

1. 世界光纤传输发展简述

光纤传输就是利用携带信息的激光在光纤中传输而达到传递信息的目的。它是新兴的通信及广播电视传输手段。

1916 年，美国科学家爱因斯坦（1879～1955）奠定了激光的理论基础。

美国科学家爱因斯坦

1957 年，美国科学家汤斯和肖洛最先提出制作激光器的设想。

1960 年 1 月 18 日，美国加利福尼亚休斯研究实验室的美国科学家西奥多·梅曼研制出世界上第一台红宝石激光器。此后以红宝石激光器为代表的固体激光器和以氦氖激光器为代表的气体激光器相继问世，使激光技术得以快速发展。

1965 年，美国加州大学伯克利分校的卡斯帕等人演示了第一支化学激光器——HCl 激光器。

1966 年，英籍华人高锟发表论文《光频介质纤维表面波导》，提出用石英玻璃纤维（光纤）传送光信号的通信方式，该方式可实现长距离、大容量通信。为此，高锟被誉为"光纤之父"。

1970 年，美国康宁公司首次研制成功每传输 1km 损耗 1%（20db/km）的石英

英籍华人科学家高锟

高锟在进行实验

光纤。同年，贝尔实验室研制成功室温下连续振荡的半导体激光器（LD）。从此，开始了光纤通信迅速发展的时代。为此，人们把 1970 年称为光纤通信的元年。此后，世界上科学技术发达的国家开始投入巨大力量研究光纤通信。

1974 年，贝尔实验室发明了制造低损耗光纤的方法，称作"改进的汽相沉积法（MCVD）"，光纤损耗下降到每传输 1km 损耗约为 0.124‰（1db/km）。

1976 年，美国在亚特兰大成功地进行了 44.7Mbit/s 的光纤通信系统试验。

同年，日本电报电话公司开始了 64km、32Mbit/s 突变折射率光纤系统的室内试验，并研制成功 1.3μm 波长的半导体激光器。

也在同一年，美国贝尔实验室在亚特兰大到华盛顿之间建立了世界第一条实用化的光纤通信线路。自此，光纤通信崭露头角。

1979 年，日本电报电话公司研制出 0.2db/km 的极低损耗石英光纤。

20 世纪 70 年代末，大容量的单模光纤和长寿命的半导体激光器研制成功。光纤通信系统开始显示出长距离、大容量的无比优越性。

1984 年，实现了中继距离 50km、速率为 1.7Gbit/s 的实用化光纤传输系统。

1990 年，使用了 1.55μm 波长单模光纤传输系统，实现了中继距离超过 100km、速率为 2.4Gbit/s 的光纤传输。

在光纤通信传输制式方面，早在 1972 年，ITU－T 的前身 CCITT 就提出第一批 PDH 建议，1976 年和 1988 年又提出两批建议而形成完整的 PDH 体系。1984 年美国贝尔实验室开始同步信号光传输体系的研究，1985 年美国国家标准协会（ANSI）根据贝尔实验室提出的全同步网的构想，委托 T1X1 委员会起草光同步网标准，并命名为 SONET（Synchronous Optical Network）。1986 年 CCITT 开始以 SONET 为基础制订 SDH，1988 年通过了第一批 SDH 建议，1990 年以后，SDH 已成为光纤通信的基本传输方式，并陆续制定出 SDH 技术标准。

1993 年，622Mb/s SDH 产品开始商业化；1995 年，2.5Gb/s SDH 产品开始商业化；1996 年，10Gb/s SDH 产品开始商业化；1997 年，20Gb/s、40Gb/s SDH 产品及波分复用技术（WDM）产品的实验有了巨大突破。

20 世纪 90 年代以后，第四代光纤通信系统以频分复用增加速率和使用光放大器增加中继距离为标志，使系统的通信容量成数量级地增加，已经实现了在 2.5Gb/s 速率上传输 4500km 和 10Gb/s 的速率上传输 1500km 的试验。

2. 我国光纤传输发展简况

1973 年，世界光纤通信尚未达到实用阶段，我国邮电部武汉邮电科学研究院（当时是武汉邮电学院）就开始了研究光纤通信。

1977 年，邮电部武汉邮电科学研究院（后改建成烽火通讯科技股份有限公司、武汉烽火集团）拉制出我国第一条光纤。

1983 年，连接武汉三镇的光纤系统投入使用，标志着我国光纤通讯走向了实用化阶段。

1987 年，我国建成第一条国产长途光纤通讯系统（武汉——荆州，全长 250km）。

20 世纪 80 年代后期，我国开始建设光纤通信网。

1993 年，我国建成第一条跨国（中国上海南汇——日本宫崎）海底光缆（包含多条光纤的缆线称光缆）。

1995 年，我国研制出 STM - 1（155Mbit/s 1900 路）和 STM - 4（622Mbit/s 7600 路）SDH 设备。

3. 我国广电系统光纤传输发展简况

1984 年 12 月，吉林省广播电视研究所和电子工业部 23 所共同研制出一套广播

光缆敷设施工现场

电视光缆传输系统。为我国将光缆用于广播电视传输奠定了基础。

1991 年以后，各省在微波网的基础上进行光纤改造。先后有 22 个省、市建成了自己的 SDH 数字光纤传输系统。

1996 年至 2002 年，国家广电总局在各省已建光纤网的基础上建成全国广电光纤干线网。

据有关部门统计，截止到 2008 年，全国广播电视传输干线网络总长超过 320 万 km（包括光缆和电缆）。

我国自行研制的光传输设备

第五章 广播节目制作设备的发展进程

一、声电转换设备发展进程

声电转换设备是将声音转换成电信号及记录这些信号的设备，它包括话筒、留声机、电唱机、录音机及现代的音频工作站等，这些都是广播电台制作节目所需要的技术设施。

1. 话筒

●话筒的诞生

1875年6月，美籍苏格兰科学家格雷恩·贝尔（1847～1922），发明了电话，送话器随之诞生。送话器即话筒的前身。

美籍苏格兰科学家格雷恩·贝尔（左）和他设计的电话（右）

贝尔实验室的送话器

●话筒的种类

最早期的话筒是碳精话筒，之后又出现了动圈、铝带、电容、压电晶体及驻极体等不同结构的话筒。目前，话筒的结构仍不外上述数种，但结构更为精细、性能更加优良。常见的广播级专业话筒有动圈话筒、电容话筒、大振膜电容话筒及铝带话筒等。

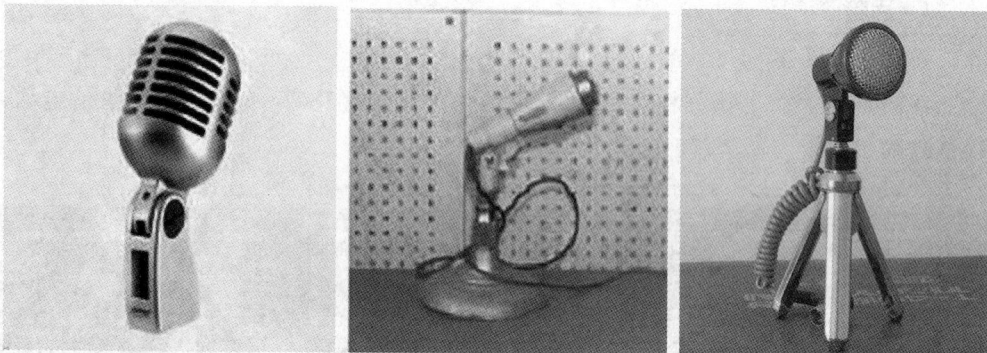

几种旧式话筒

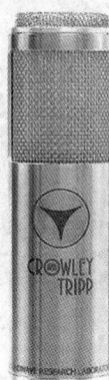

动圈话筒　　　　　电容话筒　　　　大振膜电容话筒　　　　铝带话筒

形形色色的新式话筒

2. 留声机

●世界上最早的留声机

1857 年，法国发明家斯科特发明了声波振记器，这是最早的声音记录装置。1876 年 12 月，美国大发明家爱迪生（1847～1931）发明了机械留声机。

美国大发明家爱迪生

世界上最早的声波振记器

●20 世纪 30～40 年代的留声机

20 世纪 30～40 年代，手摇机械式留声机风靡世界，成为家庭的奢侈品。其中以美国维克多公司生产的"维克多牌"（俗称"狗牌"）留声机最为著名。

手摇机械式留声机（左）及其所用的黑胶唱片（右）

美国"狗牌"留声机

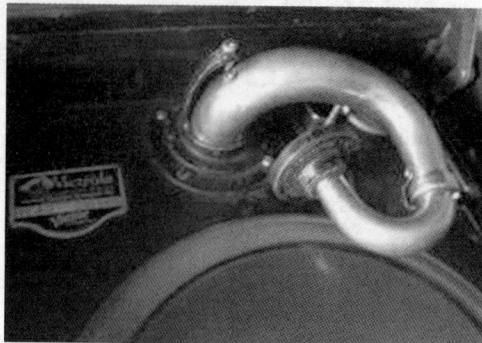

"狗牌"留声机的拾音头

3. 电唱机

●世界上最早的电唱机

1924 年，美国贝尔实验室获得电录音专利。1925 年 3 月，美国维克多公司在获得贝尔实验室许可后使用其电录音方法录制并发行了世界上第一批电录音唱片。随之在美国诞生了世界上最早的电唱机。

20 世纪 50 年代的电唱机

●我国生产的电唱机

1946 年，上海亚洲无线电厂仿制出我国第一台电唱机——"绿宝牌"单速电唱机。

1965 年 4 月，中国唱片厂研制出红宝石唱针、晶体式拾音、自带放大器、性能优良的"中华牌"206 型四速电唱机。

20 世纪 60 年代我国生产的"中华牌"206 型四速电唱机

●当代的电唱机——激光电唱机

20 世纪 70 年代，随着数字技术的发展，出现了数字光学录音，即激光录音。其原理是先将声音变成用"0"和"1"表示的数字信号，再用此信号去控制大功率激光束的强弱在光盘上进行刻录。刻录有两种方式，一种是使激光束在敷有染料层的聚碳酸酯光盘基片上烧蚀出代表"0"和"1"的平面和凹坑，此种方法只能刻录一次。另一是使激光束照射盘片上镀有银、铟、硒、碲等材料的结晶薄膜，使之呈现代表"0"和"1"的反光能力不同的结晶和非结晶两种状态，此种方法可重复刻录。读取这些符号用光驱，它是刻录的反过程。即将激光束照射光盘，依光盘上"0"和"1"符号对光反射能力不同而形成强弱不同的激光束，再转化成数字电信号，后经解码，则可还原成模拟声音信号。

激光光盘（左：商标包装面；右：反光工作面）

光盘刻录机

　　20 世纪 70 年代初，荷兰飞利浦公司音频研究室开始研究用激光在唱片上记录信号的可能性。1976 年 9 月，日本索尼公司研制出第一张激光数字声频唱片。1978 年，日本三菱电机和东京电化公司共同协作，成功地研制出把激光用于唱片记录的录放技术。1982 年 10 月，飞利浦公司与索尼公司合作研制成功激光 CD（即 Compact Disc——小型唱片）系统，并在日本市场上正式推出。

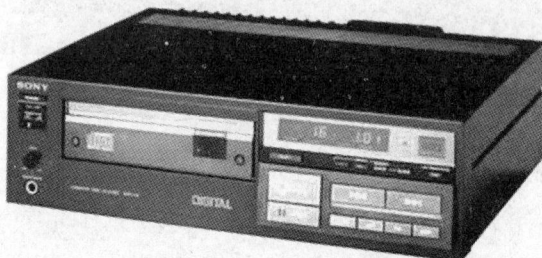

20 世纪 80 年代初的第一代激光播放机（CD 机）

　　CD 唱机从问世到现在已经经过十几代的更新改进，目前款式种类繁多，早已取代了老式电唱机。1986 年，我国也开始引进生产线，生产 CD 唱机并投放市场。

广播专用激光唱机（CD 机）

国产 CD 播放机

4. 录音机

●钢丝录音机

1898 年，丹麦科学家普耳生发明了世界上最早的录音机——钢丝录音机。其原理就是用声音产生电流使钢丝磁化，从而来记录及还原声音。此后，美国无线电爱好者马文·卡姆拉斯改进了钢丝录音机，使之实用化。1930 年，出现了商品钢丝录音机。

丹麦科学家普耳生　　　　　　　　最早的钢丝录音机

早期的钢丝录音机（左）及录音钢丝（右）

●磁带录音机

1935 年，德国科学家弗里奥默发明了代替钢丝的磁带，即在纸或醋酸纤维基带上涂敷磁粉来代替钢丝。随之磁带录音机诞生。同年，德国通用电气公司制成了商品磁带录音机。

最早的磁带录音机

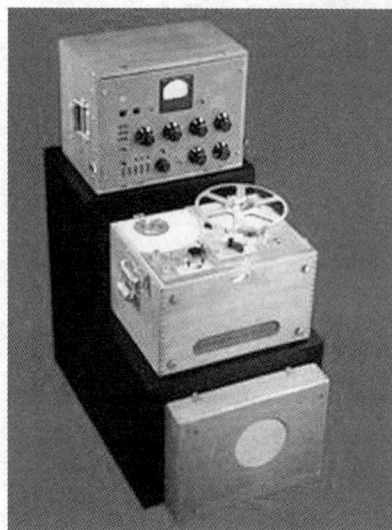

20 世纪 30 年代的磁带录音机

● 卡座式录音机

录音机发明之初，磁带盘为轮盘式或敞盘式，笨重且不易保存。1962 年，荷兰飞利浦公司发明了盒式磁带，接着便出现了卡座式录音机。该种录音机性能优良，并且逐步实现了元件集成化、控制电脑化、播放自动化及音质立体声化。这是当代模拟录音机发展的最高形式。

盒式录音磁带

单卡座盒式磁带录音机

双卡座盒式磁带录音机

●**数字录音机**

20 世纪 60 年代初，数字音频技术开始发展。20 世纪 70 年代初，研制出脉码调制（PCM）磁带录音机。其原理就是将音频信号经模/数转换、信道编码、差错控制后记录在磁带上。20 世纪 80 年代又研制出以小型计算机为中心的数字音频系统，其原理也是先将音频信号经模/数转换成数字信号后，再做成计算机能识别的文本格式，存储在计算机硬盘上。目前已研制出以快闪存储器为存储媒介的数字录音机，该种录音机体积小，携带方便，能在计算机上进行信息加工处理，适合记者采访使用。如芬兰乐图公司生产的 LOTOO L‑200 型数字录音机即属此类产品。民用 MP3 也属于数字录音机的范畴。

数字磁带录音机

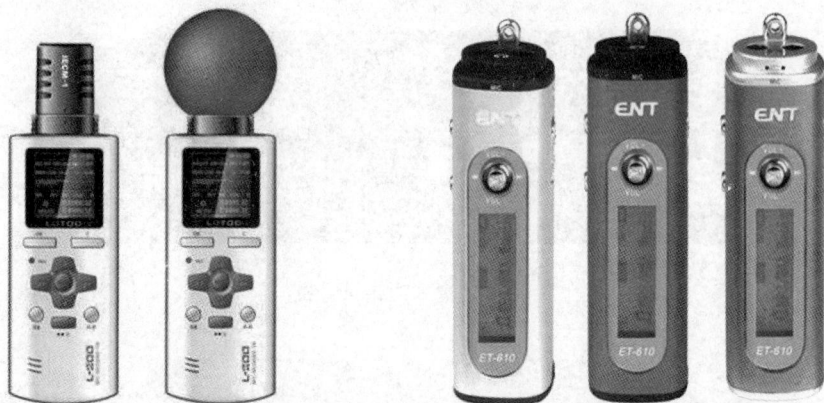

芬兰乐图 LOTOO L–200 型数字录音机

MP3 数字录音机

●我国录音机生产情况简介

1949 年，我国留美学生宋湛试制成功钢丝录音机。1951 年 6 月，他创立的上海钟声电器工业社，生产出我国第一台"钟声牌"101 型钢丝录音机。1955 年，声艺电器工业社等 7 家小厂并入钟声电器工业社，成立公私合营钟声录音器材厂。同年，该厂研制出我国第一台磁带录音机——"钟声牌"591 型盘式磁带录音机。1958 年，钟声录音器材厂与亚洲无线电厂合并，扩建成上海录音器材厂。同年 3 月，该厂试制成功"钟声牌"810 型携带式磁带录音机。

1960 年，上海录音器材厂又开始研制"钟声牌"L601 型电子管磁带录音机，该机 1963 年定型投产，该产品被全国广播系统广泛使用，长达近 20 年。

1959 年，中央广播事业局广播设备制造厂研制出我国第一台电子管开盘式磁带录音机，该机 1963 年 5 月定型，此即 LY–635 型开盘落地式磁带录音机。该产品亦被全国广播系统广泛使用。

国产钢丝录音机

国产"钟声牌"810型携带式磁带录音机

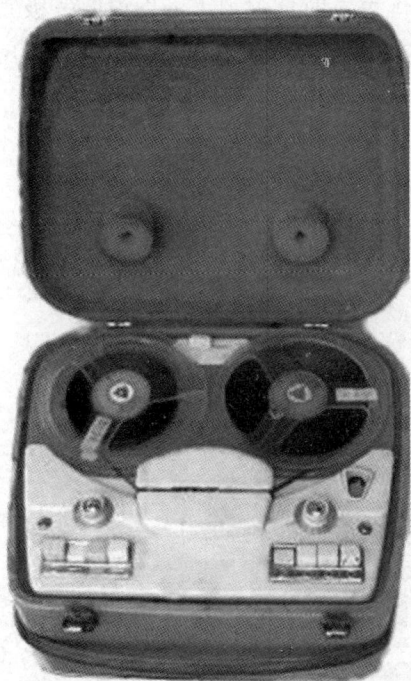

国产"钟声牌"L601型磁带录音机

国产LY－635型落地式磁带录音机

　　21世纪初，我国录音机的生产基本都转向民用收录机的生产，如MP3等。生产厂家多集中在东南沿海地区。

5. 音频工作站

　　20世纪90年代，随着数字技术的逐渐成熟和计算机技术的普遍应用，一种高集成的声音记录设备应运而生，这就是所谓的数字音频工作站。一台数字音频工作站（见彩图5）相当于调音台、多轨录音机、编辑机、效果器等录音棚中的全部设备。它可以完成从录音、编辑、缩混一直到刻出母盘的全部音频节目制作过程。音频工作站的出现，节省了大量的设备，简化了音频录制程序，降低了音频录制成本。目前传统的录音设备正逐渐被音频工作站所取代。

二、我国电台制播设备的发展简况

广播电台的节目制作和播控中心，包括节目制作和播出控制两大部分。节目制作系统所承担的工作是录制、编辑节目；播控系统所承担的工作是播音、收转、控制等。它们所用的设备以前是话筒、电唱机、录音机、收讯机、调音台、控制台和监听器等，现在又增加了各类音频工作站。

1. 新中国成立之初电台的播控设备

新中国成立初期，全国各广播电台都是接收国民党时期遗留下的旧设备，极其陈旧简陋。话筒是老式碳精话筒，录音是老式唱片刻纹机或钢丝录音机。1949 年 10 月 1 日，开国大典实况和毛泽东主席的讲话就是用这种设备录制的。

开国大典毛泽东主席使用的话筒（上）及录制毛泽东主席讲话的钢丝录音机（下）

2. 我国电台制播设备的发展进程

20 世纪 50 年代，国内各级广播电台的播、录、控设备大部分由苏联进口，少部分由自己组装。到 20 世纪 60 年代，由于国家坚持了自力更生的建设方针，所以省级以上电台开始将旧设备更新成国产设备。

20 世纪 50 年代广播电台使用的苏联产 MAΓ – 8 型录音机

20 世纪 70 年代被省级广播电台广泛使用的国产增益机

20 世纪 70 年代后期，我国施行了改革开放政策。到 80 年代，经济条件较好的电台便开始引进发达国家较先进的设备，使国内广播电台的播控设施逐渐缩小了与世界先进国家的差距。

20 世纪 90 年代以后，各级电台逐步对播录控设备进行数字化改造，开始普遍采用录制音频工作站和播出音频工作站。

到 21 世纪初，全国省级以上及部分地级广播电台的制播设备完成了数字化改造，普遍采用各类音频工作站及局域网进行节目制作、编审和播出（见彩图 6），基本实现了节目制作数字化、网络化以及节目播出自动化。

第六章 电视节目制作设备的发展进程

一、电视节目制作设备的发展概况

电视节目制作的主要设备是摄像设备以及录、放像设备与编辑设备。电视节目制作设备的发展速度极快,日新月异。

1. 摄像设备

●早期的摄像机

1933 年,V·K·兹沃尔金发明光电摄像管。随之开始摄像机的研制工作。

最初的摄像机体积庞大,它的一个 1.6m 焦距的镜头就重 45kg,长 2.2m,被人们戏称为电视大炮。

最早的摄像管

最初的摄像机

●摄像机的发展概况

1946 年，美国无线电公司（RCA）发明了超正析像管。20 世纪 50 年代，摄像机进入实用阶段。摄像机步入实用阶段后，其发展经历了如下历程。

摄像机使用的元件由电子管到半导体管又到大规模集成电路；光电转换器件由光电导真空摄像管到 CCD 半导体电荷耦合器件；摄像处理技术由模拟到数字；成像清晰度由标清到高清。

20 世纪 60 年代以前属电子管技术时期。其光电转换器件是真空摄像管，整个摄像机全部由电子管电路组成，机器体积庞大、操作与调整复杂、价格昂贵，只能限于广播电视专业系统使用。

早期的电子管摄像机

20 世纪 60 年代，荷兰飞利浦公司成功地研制出 1 英寸氧化铅摄像管（PbO）。当时半导体管和集成电路也开始应用于摄像机中，所以这时的摄像机体积和重量大为减小，其性能也大为提高，基本达到了广播级标准的要求。

20 世纪 70 年代，大规模专用集成电路开始应用于摄像机，从而使摄像机的体积和重量进一步减小。此后便出现了便携式摄像机，它给外出采访拍摄提供了极大的方便。

1970 年，美国贝尔实验室宣布发明了第一块 CCD 固体摄像器件，即半导体电荷耦合器件。CCD 摄像器件是一种无需电子束扫描便能实现光电转换、电荷存贮和电荷转移输出的器件，它在体积、重量、功耗、寿命、耐振动、抗外磁等方面的性能明显优于传统的摄像管，其灵敏度和分解力等重要技术指标也赶上或超过了传统的摄像管。

20 世纪 80 年代是摄像机飞速发展的时代。

首先是 CCD 的普遍应用。自 1970 年 CCD 问世后，世界各大专业公司及科研机构都致力于 CCD 实用性的开发。经过十年的努力，1980 年 1 月，日本索尼公司生产出世界上第一台 CCD 摄像机。之后，CCD 技术日臻成熟，开始普遍应用于摄像机，真空摄像管逐步退出历史舞台。

其次是大规模集成电路的应用。大规模集成电路与 CCD 相结合，使摄像机向体积小、重量轻、功能强、耗电省的方向迈进了一大步。

第三是微处理机技术的应用。微处理机应用于摄像机，使摄像机的调整简单、操作方便、性能可靠、功能完备。

第四是数字视频处理技术的应用。20 世纪 80 年代末，以数字视频处理为标志的数字摄像机研制成功。这种摄像机图像质量高，调整及操作简单，维护方便。

摄录一体机的出现也是 20 世纪 80 年代的一大进步。CCD 摄像机的实用化和 1/2 英寸模拟分量磁带录像机的开发成功，使摄像机和录像机合为一体成为可能。20 世纪 80 年代，日本索尼公司就成功地研制出世界第一台摄录一体机。在此以前，因摄像机和录像机是分开的，所以外出采访拍摄时需两个人操作，一个人持摄像机，另一个人背录像机；或一个人肩扛摄像机，背背录像机，煞是辛苦。摄录一体机的出现，给采访拍摄带来了极大的便利。

20 世纪 80 年代的摄录一体机

20 世纪 90 年代，摄像机的发展主要是图像处理方式由模拟向数字过渡。

进入 20 世纪 90 年代以后，数字视频码率压缩技术在广播电视各个领域迅速得到普及。M – JPEG、DV、MPEG – 2 等压缩标准为各界广泛接受。在保证图像质量没有明显下降的前提下，采用压缩技术来降低码率，可降低信号处理及记录的难度和成本。同时可实现后期编辑处理在数字环境中进行，这就极大地扩展了设备的功能、提高了节目的制作质量。

1995 年 7 月，日本索尼公司推出第一台 DV 摄像机。该机一经推出，即被世界各地电视新闻记者、制片人广泛采用。

由于数字设备综合性价比明显高于模拟设备，所以自 20 世纪 90 年代后期开始，各电视台的设备均开始进行数字化改造。

20 世纪 90 年代的摄像机

　　20 世纪 90 年代摄像机的另一发展就是出现了高清晰度数字摄像机。

　　日本从 20 世纪 60 年代就开始研制高清晰度模拟电视，并于 20 世纪 80 年代建立了 MUSE 制式。但高清晰度电视的真正发展是在数字技术问世之后。

　　1987 年，美国首先提出高清晰度数字电视（HDTV）的概念，并于 1995 年确定了 HDTV 产品的规格，此后便出现了数字高清晰度电视摄像机。

　　进入 21 世纪以后，电视摄像机的发展主要集中在录制介质的改进。

　　2000 年 8 月，日本日立公司首次将光盘存储器（DVD）引入摄像机，并推出第一台 DVD 摄像机。该种摄像机使用 8cm 的 DVD – RAM 刻录光盘作为存储介质，摆脱了磁带记录的种种不便。

　　2004 年 9 月，日本 JVC 公司又推出第一批 1 英寸微型硬盘摄像机。以硬盘作存储介质，使数码摄像机和电脑交流信息变得异常方便。2005 年 6 月，JVC 公司发布了采用 1.8 英寸大容量硬盘的摄像机，最大容量可达 30GB。

　　2004 年 9 月，日本索尼公司又推出世界第一台符合高清数字电视（HDV）制作标准的高清晰摄像机 HDR – FX1E，其记录分辨率达到了 1440 × 1080，清晰度得到革命性提升。该款摄像机在 HDV 摄像机推广初期起了良好的过渡作用。

日本索尼 HDR – FX1E 高清晰摄像机

进入 21 世纪，电视摄像机基本都是光电转换采用 CCD、元件采用大规模集成电路，图像处理数字化、存储硬盘化、调整微处理机化、成像高清晰度化。新产品、新机型层出不穷，发展极为迅速。

21 世纪初的高清晰摄录一体机

2. 录、放像设备

●最早的录像机

1954 年，美国无线电公司（RCA）展示了一种纵向磁迹录像机，但其带盘的尺寸极大，以 360 英寸/秒的高带速运行，4 分钟的节目就用 7000 英尺长的磁带。1955 年，英国 BBC 公司也推出一种纵向扫描的磁带录像机，用它进行电视广播，带速为 200 英寸/秒，半小时的节目要耗用一盘直径为 5 英尺的磁带。上述两者在实际应用中都有困难。

1956 年 2 月，第一台实用化的能录、放黑白电视图像的录像机诞生于美国安培（Ampex）公司（亦称安派克斯公司）。该录像机的原型机为 Mark IV，后出的成品机

美国安培公司研制的 VR－1000 磁带录像机

更名为 VR – 1000，它使用 2 英寸宽的录像磁带、4 个视频磁头，采用横向扫描，对视频信号进行调频方式记录。由于 VR – 1000 录像机的磁鼓上安装有 4 个磁头，所以称其为 Quadruplex（四重）录像格式。当年 11 月 30 日，该机在美国 CBS（哥伦比亚广播公司）进行了世界上第一次基于视频磁带的电视播出试验。一盘宽 2 英寸、长 4800 英尺的磁带大约记录了 1 小时的电视节目。

●**20 世纪 70 年代以前的录像机**

自美国安培公司开发出世界上第一款实用化的磁带录像机 VR – 1000 以后，美国的 RCA、加州精密仪器公司、摩托罗拉，荷兰的飞利浦，德国的博世、哥兰蒂，日本的索尼、松下电器、东芝、JVC、雅佳等有技术实力的公司都加入到磁带录像机的研发行列。

20 世纪 50 年代末到 60 年代，磁带录像机的发展主要有五个方面：一是彩色录像机问世；二是出现了磁头螺旋扫描方式；三是半导体器件广泛应用于录像机；四是开发出专业用 1 英寸 A 格式录像机；五是录像磁带由 2 英寸逐步缩小到 1/4 英寸。具体开发者及开发时间是：

1958 年，美国安培公司生产出商用彩色录像机。

1959 年，日本的东芝公司、JVC 公司相继推出了螺旋扫描录像机。1961 年，美国安培公司的录像机也开始使用螺旋扫描技术。1966 年，螺旋扫描录像机开始进入电视广播领域。

1962 年，日本索尼公司首台全半导体管录像机诞生。

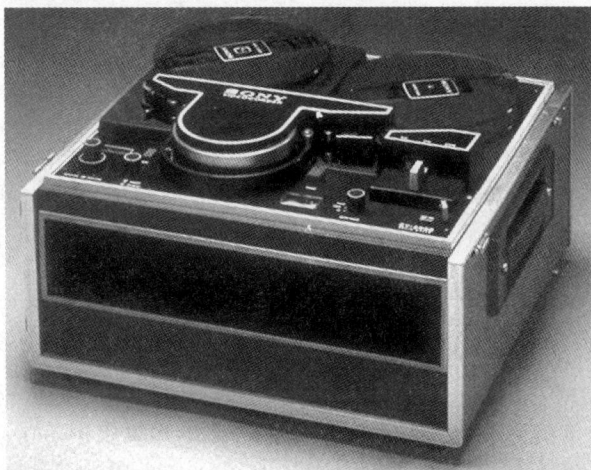

1965 年日本索尼公司生产的世界第一台全半导体管家用录像机

1963 年，美国加州精密仪器公司设计出 1 英寸 2 磁头螺旋扫描录像机。

1965 年，美国安培公司开发出应用于工业及电视教育的 1 英寸 A 格式专业级录像机。

1965 年 3 月，美国安培公司研制出使用 1/4 英寸磁带纵向扫描录像机，其磁带相当薄，一个直径为 12.5 英寸的开盘可缠绕 12，600 英尺长的磁带，记录时间约为 25 分钟。

●**20 世纪 70 年代的录像机**

进入 20 世纪 70 年代，电视机开始普及，录像机也开始走进家庭。为此，各厂家在开发广播电视业务专用录像机的同时，又在积极开发家庭用录像机。

【荷兰飞利浦开发 VCR】

20 世纪 70 年代以前的录像机都是开盘式录像机，用 Video Tape Recorder 表示，简称 VTR。这些录像机的体积都较为庞大，只适合广播电视专业部门使用。1970 年，荷兰飞利浦公司开发了一种家庭用盒式录像格式 Video Cassette Recording，简称 VCR。自此诞生了"盒式磁带录像机"这个术语，并用 VCR 来表示。该格式定型机的型号为 N1500。此后，各生产厂家便致力于盒式磁带录像机的开发，使其逐步小型化，以适应家庭的需要。

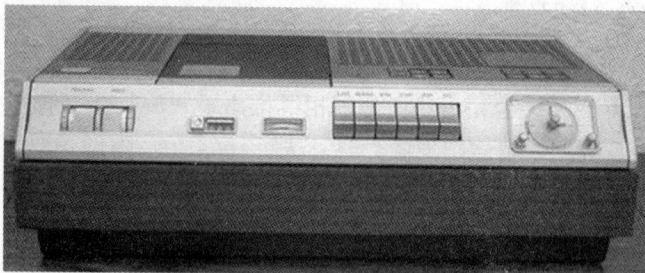

飞利浦公司开发的 N1500 录像机

【日本索尼开发 U 型机】

1970 年 3 月，日本索尼公司联合松下电器及 JVC 公司与其他五家国外公司开发了一个盒式磁带录像机的标准。1971 年 9 月，索尼公司根据该标准开发出使用 3/4 英寸盒式磁带的彩色放像机 VP‒1100 和彩色录像机 VO‒1700。因该机型采取 U 型穿带系统，故被命名为 U‒Matic 格式，简称 U 型机。

U 型机录像格式被 SMPTE（即电影与电视工程师协会，它由 85 个国家和地区的 7000 余名会员组成）命名为 Type E（E 型）。由于 U 型机的体积笨重、价格昂贵，所以并没能进入家庭，而是在电视播出等行业中找到实用位置。

1976 年，索尼公司完成了可以在采访现场进行录像、编辑的小型多功能 BVU 系列 U 型机的研制，从此诞生了电视台用的 U 型机。索尼公司和哥伦比亚广播公司的高层为这一新闻采访系统命名为"ENG"，即电子新闻采集（Electronic News Gathering）。至此，第一代 ENG 机宣告诞生。后来，BVU 系列已不仅停留于 ENG 领域，在 EFP（现场节目制作）方面也得到了应用。

索尼公司早期生产的 U – Matic 格式的录像机

索尼公司 20 世纪 70 年代生产的 U 型机有两种格式：一种为 VO 系列低带机，如 VO – 5630、VO – 5850P 等台式机和 VO – 4800PS、VO – 6800PS 等背包机等；另一种为 BVU 系列高带机，如 BVU – 820P 等。U 型机于 1978 年进入中国。

20 世纪 70 年代索尼公司生产的 VO – 5630 台式录像机

20 世纪 70 年代索尼公司生产的 VO – 4800PS 背包录像机（左）

【Beta 与 VHS 之战】

1975 年 11 月，日本索尼公司在 U 型机的基础上研制出家用盒式磁带录像机 SL – 6300。因其穿带方式呈希腊字母 β 状，所以称这种格式为 Betamax 或 Beta。其记录时间可达 5 个小时。SMPTE 将 Betamax 命名为 Type G（G 型）。

1976 年 9 月，日本 JVC 公司推出家用盒式磁带录像机 HR – 3300。其走带方式

1975 年索尼公司生产的 SL－6300 Betamax 家用录像机

为 M 型，其记录时间可达两个小时。JVC 称该格式为 VHS（Video Home System），意即家庭视频系统。SMPTE 将 VHS 命名为 Type H（H 型）。

1976 年 JVC 公司生产的 HR－3300 VHS 格式家用录像机

Beta 和 VHS 录像机都使用 1/2 英寸宽的盒式录像带，但因磁带盒大小不同而前者俗称小 1/2 录像机，后者俗称大 1/2 录像机。生产该两种机型的两大生产集团为进一步占领市场而不断更新产品，在录放时间、音像质量及使用性能等方面不断进行改进，产品不断翻新。这就是历史上著名的 Beta 与 VHS 格式大战。最终由于美国 RCA 等众多公司对 VHS 的支持及索尼公司只重视技术开发而不注重市场推广等原因，Beta 败北。Beta 的始创者索尼公司在 1988 年宣布转向 VHS 的生产。2006 年 11 月 27 日，美国电影协会（MPAA）宣布今后不再将 VHS 磁带作为发行载体。

还应提到的就是 1979 年荷兰飞利浦与德国哥兰蒂公司开发的 Video 2000（简称 V2000）家用录像机，该机型也想加入 Beta 与 VHS 格式之战，但它只在欧洲开辟了部分市场，最终仍被淘汰出局。1988 年，V2000 中止了生产。

【广播电视专业用 B 型和 C 型录像机的开发】

继美国安培公司在 1965 年开发出 1 英寸 A 格式的专业级录像机之后，1976 年德国博世公司推出了 1 英寸 B 格式的广播电视专业级录像机。同年，日本索尼公司又推出了具有 300 线分辨率的 1 英寸磁带录像机。通过与安培公司谈判，该录像机最终于 1977 年 12 月被 SMPTE 确定为 1 英寸 C 格式录像机。C 格式录像机属广播电视专业用的高档录像机，它取代了原来的 2 英寸磁带录像机，成为使用最广泛的 1 英寸专业格式录像机。

根据这一规格研制的 Sony BVH 系列录像机和 Ampex VPR 系列录像机，其视频带宽已达到了 5MHz。这两个系列的录像机具有图像质量优秀且易于编辑等特点，所以它们迅速在全球普及，成了名副其实的全球电视台业务用 VTR（磁带录像机）的标准。此格式在电视行业使用长达 20 年之久。

安培公司生产的 C 格式 VPR 系列录像机（VPR - 80）

●20 世纪 80 年代的录像机

20 世纪 80 年代录像机的发展特点是体积进一步小型化、分量记录技术的出现和数字处理技术的应用。

【8mm 宽磁带摄录一体机】

1980 年 7 月，日本索尼公司率先推出使用 CCD 的和 8mm 金属磁带的小型一体化摄录放像机，该机仅重 2 公斤，磁带可使用 20 分钟。该机的体积小、重量轻、携带方便，为电视摄录设备的普及及电视节目的创作提供了便利条件。

1983 年 3 月，在索尼公司的倡导下，全世界将近 182 个相关厂商所组成的 8mm 视讯系统联合会经过研讨，于 1984 年制定出一种使用 8mm 宽磁带的摄录机的国际标准，即人们通称的 Video - 8 格式，简称 V - 8 格式。

索尼公司迅速将 8mm 格式商品化，于 1985 年 1 月，推出了第一台商品化的家用 8mm 摄录机。此后，索尼公司与 VHS 阵营围绕着体积和重量的问题展开激烈竞争，如松下公司及 JVC 公司推出压缩版 VHS（VHS Compact，即 VHS - C 摄录机）和超级压缩版 VHS（Super VHS Compact，即 S - VHS - C 摄录机）等；索尼公司推出 Hi - 8，即 Hi - Band V - 8（俗称"超 8"）摄录机等。直至索尼公司在 1989 年 5

月推出当时世界上体积最小、重量最轻的 CCD – TR55 摄录机，才使其获得殊荣。当时小型摄录机通称"掌中宝"，各有实力的公司皆有产品面市。

索尼公司生产的 CCD – TR55 摄录机

【模拟分量记录的录像机】

20 世纪 80 年代以前，磁带录像机都是记录图像的模拟复合信号。但各国专家已在研究更先进的模拟分量记录方式。

1981 年，日本索尼公司首先发表了 Betacam 模拟分量记录方式的录像机。该种录像机使用 1/2 英寸磁带，采用高密度记录，使机体更趋向于小型化。它与摄像机做成的一体机立即被新闻采访（ENG）领域广泛采用。Betacam 在国际上被称作 L 格式。

1982 年，日本松下与美国 RCA 以 VHS 格式为基础联合开发了 Recam 格式的模拟分量记录录像机。Recam 格式在国际上被称作 M 格式。1984 年之后，M 格式的录像机被索尼的 Betacam 录像机所吞噬。

1986 年，索尼与松下相互竞争，分别推出了第二代模拟分量的录像机。索尼的为 Betacam SP 记录格式，松下的为 MⅡ记录格式。这两种格式在技术上没有本质差别，但 Betacam SP 却赢得了更广泛的认同。Betacam SP 的典型机型共分三个系列，

索尼公司生产的 Betacam SP 系列高级型录像机（BVW – 1800P 型）

即 UVW（普及型）系列、PVW（标准型）系列和 BVW（高级型）系列。Betacam SP 格式和 M II 格式的录像机皆为广播级录像机，该两个格式的产品均于 20 世纪 90 年代后期及 21 世纪初先后停产。

【数字录像机】

1986 年 5 月，国际无线电咨询委员会（CCIR）第十六届会议通过了《广播用数字录像机标准建议》。

1987 年，日本索尼公司根据 CCIR 的建议首先推出 DVR－1000 型使用 3/4 英寸磁带的分量数字录像机。该机型采用符合 ITU－R BT. 601 标准的无压缩，图像质量最好，多次复制后图像也不会变差，被确定为 D1 格式。

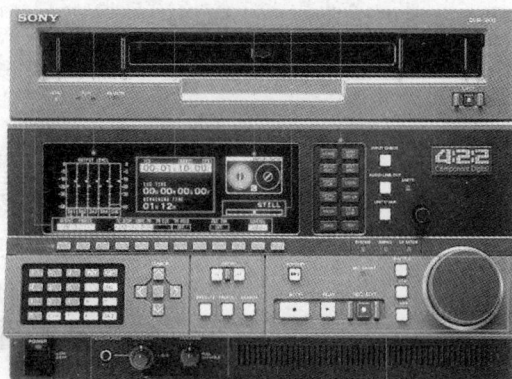

索尼公司制造的 DVR－1000 分量数字录像机

1988 年 4 月，日本索尼公司与美国安培公司合作推出了使用 3/4 英寸磁带的复合数字录像机，该机型是将模拟复合信号直接进行数字化，被确定为 D2 格式。

【索尼 U 型机的再发展】

索尼公司自 20 世纪 70 年代开发出 U 型机以后，从没停止对 U 型机的改进与创新。1986 年，推出采用高矫顽力、高剩磁的 SP 带记录的超高带 U－Matic SP 型录像机（通称超高带 U 型机），其典型机型如 VO－9850P、VO－8800PS 等。

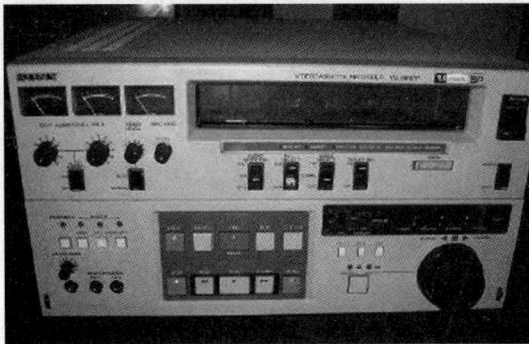

索尼公司生产的 VO－9850P 型录像机

U 型机的机型已从 1 型发展到了 9 型。因 U 型机的稳定性好、维修调整简单、性价比高，所以它被中、小电视台广泛使用，成为 20 世纪 90 年代以前的主力机种。一直到 20 世纪末，U 型机才淡出历史舞台。

●20 世纪 90 年代的录像机

20 世纪 90 年代录像机的发展主要有三方面：一是数字视频压缩技术被广泛应用于录像机；二是出现了记录高清电视信号的录像机；三是录像机的记录介质由磁带变成光盘或磁盘。

【数字视频压缩录像机】

进入 20 世纪 90 年代以后，各厂家纷纷推出不同性能及规格的采用数字视频压缩技术的录像机。为此，出现了多种数字压缩的记录格式。其中主要的有 DV、数字 Betacam、Betacam – SX、DVCAM、DVCPRO、Digital – S 等格式。

◆DV 格式

DV 格式为家用录像机格式。在家用数字录像机开发研制阶段，日本各大公司害怕再有类似模拟时代的 Beta 与 VHS 之战，于是组成了一个名为"高清晰数字录像机协会"（HD Digital VCR Conference）的组织。该组织于 1993 年 9 月制定了一个 Digital Video Cassette 标准，称 DV 格式。DV 格式是一种国际通用的数字视频标准，它与 M – JPEG、MPEG – 2 共同被列为三大视频工业压缩技术。DV 格式是家用小型摄录机的统一格式，也是国际通用的统一标准，已得到全球 60 多个公司的认可。

◆数字 Betacam、Betacam – SX 及 DVCAM 格式

这三种格式皆由日本索尼公司推出。

数字 Betacam 格式即 Digital Betacam 格式。它于 1992 年 8 月推出，是采用 ITU – R BT. 601 标准的分量数字录像机。该种录像机图像质量很高，具有兼容 Betacam 和 Betacam – SP 的能力，被广泛地应用于电视节目、电视剧及纪录片的录制。该格式的摄录设备被广播电视界认为是最优秀的广播级产品。

索尼公司生产的数字 Betacam 格式编辑录像机（DVW – M2000P 型）

Betacam – SX 格式于 1994 年 4 月推出，它是基于 CCIR – 601 标准，采用 MPEG – 2 压缩方式的分量数字录像机。该格式的设备主要用于新闻系统，该种格式的摄录机

被广泛应用于大、中型电视台和电教部门。其机型为 DNW 系列，如 DNW – 75P/65P 等。Betacam – SX 格式的摄录机于 2004 年停产。

DVCAM 格式于 1996 年推出，它是在 DV 格式的基础上开发的 1/4 英寸磁带的专业数字分量录像机，其水平解析度可达 800 线以上。该种格式是世界标准 DV 格式在专业领域的扩展，可与家用 DV 格式双向兼容。它在中、小电视台和学校的电教部门有广泛的用户基础。

索尼公司生产的 DVCOM 录像机

◆DVCPRO 格式

DVCPRO 格式为日本松下公司于 1996 年推出，被定为 D7 格式。它是基于 DV 的专业格式，为广播级数字设备。它与家用 DV 格式的小型摄录机单向兼容。因其体积小、重量轻、图像质量好和兼容性强等特点受到广大中小用户的青睐。我国省级电视台的部分节目就采用了此种格式的设备进行播出。

◆Digital – S 格式

Digital – S 是日本 JVC 公司于 1995 年 4 月推出的数字录像机格式，被定为 D9 格式，它能兼容 S – VHS 磁带。其图像质量接近数字 Betacam，能达到广播级水平。其价格比较低，是专业制作的理想格式。其典型机型有 BR – D50E（放像机）、BR – 85CE（录像机）及 DY – 90E（摄录一体机）等。

【高清录像机】

1991 年，日本播出了高清晰度电视节目。为此，能记录高清电视信号的录像机也相继被开发。

1993 年，日本 JVC 公司推出可记录模拟高清信号的 W – VHS 录像机。

1994 年，松下公司在 D5 格式的基础上推出可记录压缩高清信号的 D5 HD 高清节目母版格式。典型机型有 AJ – HD3700B 等。

1995 年，日本东芝与德国 BTS 公司合作开发了采用 3/4 英寸磁带、无压缩数字高清记录格式 D6。典型机型为 DCR – 6000 等。

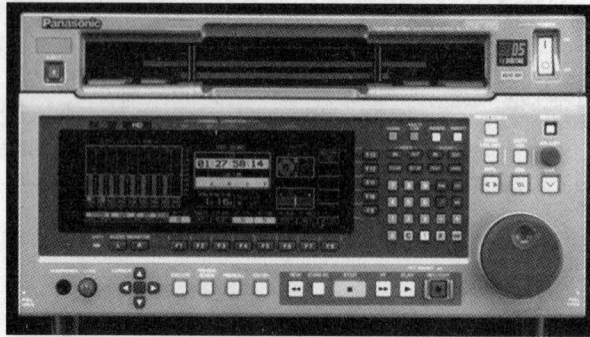

松下公司生产的 AJ－HD3700B 数字高清录像机

1997 年，日本索尼推出了第一种实用化的数字高清记录格式 D11。

【记录介质的更新】

20 世纪 90 年代末，光碟录像机和硬盘录像机相继问世。

1999 年 9 月 21 日，日本 NEC 公司率先推出光碟录像机"Giga station"MV－10000。该光碟录像机画质出色、色彩鲜明，使人耳目一新。同一年，以电脑硬盘作为视频节目存储媒介的硬盘录像机也隆重登场。新记录介质的出现开创了图像记录的新纪元。

●21 世纪初的录像机

21 世纪初录像机发展的特点是质地优良的光碟录像机和功能强大的硬盘录像机迅猛发展，磁带录像机逐步退出历史舞台。

【光碟录像机】

光碟录像机通称光盘录像机，它是通过激光技术在聚乙烯塑料盘基上刻录和读取视音频信号的设备。该项技术始于 20 世纪 70～80 年代，是流行于民间的娱乐设施，如激光唱机（CD）、激光放像机（VCD、DVD）等。

索尼公司生产的 PDW－HD1500 高清光盘录像机

2000 年 8 月 25 日，日本日立公司推出了世界上第一款用 DVD 光盘作为存储介质的数码摄像机 DZ – MV100。

在广播电视业务领域，日本的索尼与松下在 2003 年至 2004 年，相继展示了其采用光盘的 ENG 设施，并且都已升级到能记录高清信号的版本。

【硬盘录像机】

硬盘录像机即数字硬盘录像机（Digital Video Recorder），通称 DVR。它是一套进行图像存储处理的计算机系统，常见 PC 式和嵌入式两种程式。

◆PC 式硬盘录像机

PC 式硬盘录像机以个人计算机（PC 机）为基本硬件，以 Windows、WinXP、Vista、Linux 等操作系统为基本软件，配上图像采集压缩等各种板卡，通过编制软件组成一套完整的录像系统。其优点是软件升级方便；缺点则是稳定可靠性差，不适合应用于对可靠性要求高的场合。

PC 式高清硬盘录像机

◆嵌入式硬盘录像机

嵌入式硬盘录像机是将应用软件与硬件融于一体，构成一个具有录像机功能的微计算机系统。因其功能单一，所以成本低廉、质量稳定可靠，并且操作简便。适合应用于对可靠性要求较高的场合。

硬盘录像机（DVR）多用于电视监控系统，2007 年以后，它逐渐被所谓网络视频录像机 NVR（Network Video Recorder）所替代。

嵌入式硬盘录像机

附：磁带录像机记录格式简介

高清时代彻底摒弃了磁带。2007 年以后，磁带式录像机已经完成了它的使命，退出历史舞台。在此简单总结其发展历程，以了解其发展梗概。

磁带录像机的发展经历了从模拟到数字、从复合到分量的发展历程，从而形成了模拟复合、模拟分量、数字复合和数字分量四大记录方式。无论模拟还是数字记录方式，记录信号的清晰度又有标清和高清之分。在数字记录方式中，信号处理又有非压缩和压缩之分。诸多记录方式都是用格式来区分的。

在模拟技术时代，专业录像机领域有 A、B、C 三种格式。

在数字技术时代，采用非压缩记录标清电视信号的方式有 D1、D2、D3、D5 等四种格式（日本忌讳 4 而无 D4）。其中 D3 为日本松下公司与日本 NHK（日本广播协会）于 1990 年 1 月推出，是数字复合记录格式；D5 为松下公司于 1993 年推出，是数字分量记录格式。上述无压缩记录格式的信号质量非常好，但价格昂贵，即使是发达国家的国家级电视台也很难大量采用。

用数字压缩技术记录标清电视信号的方式有 DV、数字 Betacam、Betacam – SX、DVCAM、DVCPRO、Digital – S 等主要格式。上述六种格式皆互不兼容。

用数字非压缩技术记录高清电视信号的方式有 1995 年日本东芝公司与德国 BTS 公司合作开发的 D6 格式。

用数字压缩技术记录高清电视信号的主要方式有 2000 年日本松下公司推出的 D12 格式及 2003 年日本索尼公司推出的 D16 高清记录格式等。

3. 编辑设备

由摄像机和录像机产生的节目素材，需要按照节目制作人的预定目的，对其上面的图像和声音信号进行编辑，使其成为完整平滑可供播出的节目。

编辑必须采用具有编辑功能的录像机。1961 年，加拿大的 Advertel 公司开发出世界第一台电子编辑录像机。

●线性编辑

线性编辑是一种磁带的编辑方式。它利用电子技术，根据节目内容的要求将素材连接成新的连续画面。

编辑一个完整的节目带，通常使用两种编辑方式，即组合编辑（Assemble Editing）和插入编辑（Insert Editing）。一般是先采用组合编辑方式编辑成新的连续画面，然后再采用插入编辑方式进行配音、配图和修改。

线性编辑所用的设备主要是录像机、录像编辑机、字幕机、特技机、调音台等。线性编辑的工作流程复杂，在运作时往往需要大量的工作人员参与。

利用线性编辑设备编辑节目的场景

●**非线性编辑**

20世纪90年代以后，随着计算机技术和数字压缩技术的发展，使计算机参与视频处理成为可能。非线性编辑就是用计算机编辑视频，同时还能进行很多效果处理，如特技等。

非线性编辑要靠软件与硬件的支持来实现，这就构成了非线性编辑系统（Nonlinear Edit System），简称非编系统。非编系统是影视后期制作的主流设备，它主要是由一台专用的计算机（通称非编工作站）和相关外围设备构成。它集录像机、多轨录音机、切换台、数字特技机、编辑机、录音机、调音台、字幕机、图形创作、MIDI创作、时基等设备于一身，完成电视节目后期制作系统（即线性编辑系统）所应承担的所有任务。

非线性编辑的优势为：制作水平高，制作速度快，制作出的音像质量高，系统便于升级。

非线性编辑系统如与网络相结合，则更能发挥其优势，使其制作速度及制作出的画面效果都有很大程度的提高。

目前，非线性编辑已经成为电视节目编辑的主要方式，已被电视台广泛应用。许多电视台在节目制作、播出时通过非线性编辑技术，实现了无磁带编辑及无母带播出。

日本康能普视（Canopus）的Edius标清/高清非线性编辑系统

利用非线性编辑系统编辑节目的场景

二、我国电视台制播中心设备的发展概况

电视台制播中心包括节目制作和播出控制两大系统。这些系统的工作内容包括演播室直播、演播厅录制、现场转播、后期编辑、配音、配制字幕、特技等多个环节。这些环节所用的主要设备是：话筒、摄像机、录/放像机、调音台、编辑机、灯光、控制台、导播设备、监控设备及各类电源设备等。

1. 改革开放前的状况

●建台初期

1957 年 3 月至 1958 年 3 月，北京广播器材厂（即国营 761 厂）研制成功我国第一台广播专用电子管黑白电视摄像机。该厂又与广播科学研究所等单位联合研制成功全电子管式 5 信道黑白电视中心设备。这些设备于 1958 年 5 月 1 日前夕交付北京电视台（中央电视台的前身），供试播使用。

1958 年 5 月，北京电视台（后更名为中央电视台）于北京市复兴门外的广播大厦中正式成立。当时的演播室和机房是由一间约 100m^2 的排练室和附近几间办公室改建而成，导演间和音响控制台设置在房间的一角。就在这个简陋的地方，用简陋的设备第一次播出了中国的电视节目。

1959 年 10 月 1 日前，北京广播器材厂又研制成功我国第一辆黑白电视实况转播车，北京电视台用它转播了国庆十周年天安门前的庆典活动。

1960 年，北京电视台建成了电视中心，有 600m^2、150m^2、50m^2 的大、中、小演播室各一间，各演播室均配备了相应的设备。

1966 年 1 月，北京电视台首次采用电视录像设备，自此开始播出有声音效果的合成片。但使用范围极为有限，到 20 世纪 70 年代中期，全台只有 17 台四磁头录像机，所使用的 2 英寸录像带也只有几百盘。

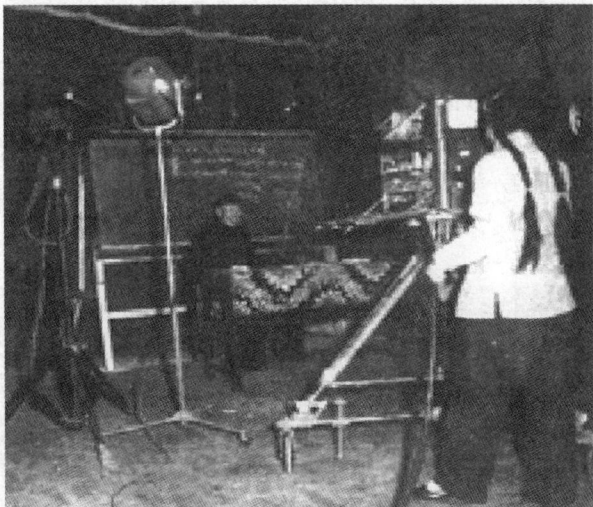

北京电视台（中央电视台前身）开播初期的演播室

●1978 年以前

1978 年以前，我国强调自力更生的建设方针，广播电视设备都是自己研制。由于我国工业基础薄弱，所以电视制播设施较发达国家有较大差距。

1971～1973 年，北京电视设备厂研制成功 3 信道彩色电视中心设备。于 1973 年 5 月 1 日前交北京电视台，准备用于彩色电视试播。

1973 年 5 月，该厂又研制成功彩色电视转播车。车上装有该厂研制的我国首批 1 英寸 3 管彩色摄像机。

2. 改革开放后的状况

●20 世纪 70 年代末～80 年代

1978 年以后，我国实行改革开放政策，开始大量引进国外先进技术及先进设备。当时各电视台引进的设备主要是日本产品，以索尼、松下等公司的产品为主。此后就随着这些产品的更新换代而更新。

我国早期引进的日本索尼公司放像机

20 世纪 80 年代中期地方电视台使用的索尼摄像机

自 20 世纪 80 年代初起，ENG 电子采访设备开始在我国普及，各级电视台的采访及节目制作条件有了不同程度的改善。

●20 世纪 90 年代～21 世纪初

20 世纪 90 年代以后，全国各省市的电视台基本都添置了现代化的节目制作设备和播出设备，并且紧跟国外先进技术，快速更新，使我国的电视制播设备很快就跻身于世界先进行列。

20 世纪 90 年代中期某省级电视台的监控机房

到 20 世纪末，全国大部分省级电视台开始进行制播设备的数字化改造。中央电视台则已具备了制作高清数字电视节目的能力。1999 年 10 月 1 日，中央电视台就用高清数字技术成功地转播了建国 50 周年大庆阅兵仪式的实况。

到 21 世纪初，全国部分地区级电视台开始进行制播设备的数字化改造。此时，全国省级电视台制播设备数字化的程度都超过 80%；而中央电视台制作设备的数字化程度已达 90%，播出设备的数字化程度已达 100%。

数字化改造后典型的省、地级电视台的节目制作机房、演播室、播出控制机房及网络传输监控机房见彩图 7 和彩图 8。

第七章 广播发射机的发展进程

一、世界广播发射机的发展进程

广播发射机是将代表声音的电信号转化成高频电磁波的设备。

1. 世界上早期的发射机

1895年，发明了无线电通讯。在此后的一二十年内，是靠火花、电弧放电及用高频率交流发电机来产生电磁波。

1912年，电子管的放大和振荡作用被发现，随之出现了电子管发射机。

1919年，美国马可尼公司生产出6.5kW语音通信发射机，这可算世界上最早的成品广播发射机。

早期的火花隙发射机

1919年美国马可尼公司生产的6.5kW语音通信发射机

2. 调幅广播发射机

自无线电广播问世以来，首先开发使用的

电磁波频段有三个，即：长波：150kHz～415kHz；中波：550kHz～1650kHz；短波：3MHz～32MHz。在此频段内，发射机所用的调制方式都是调幅制式。所谓调幅制式就是用代表声音的电信号去改变高频电磁波的幅度，用高频电磁波的幅度变化来传递声音信息。

调幅广播发射机问世已80余年。最初的广播发射机采用栅极调幅方式，效率极低。之后，为节约能源和提高效率，发射机所用的器件和调制方法便不断改进，器件由真空件向固态化发展，调制方法由模拟向数字化过渡，但这些改进都未脱离调幅模式。

● 乙类屏调发射机

20世纪20年代，屏调幅发射机（简称屏调机）问世。屏调机有一个与发射功率相等的调幅器，为不使调制信号失真且兼顾效率，该调幅器工作在乙类，故又称乙类屏调机。其整机效率不超过50%，旧式乙类屏调机只有30%左右。

乙类屏调机庞大调幅器的部分设备

在屏调机发展进程中，为提高其整机效率，曾采用过在被调级的屏路及栅路串接音频阻流圈来代替调幅器的所谓自动屏调制式（AAM），其整机效率可接近50%，但由于其电声指标差且难于调整，所以较早就被淘汰。乙类屏调机则因其性能稳定、便于维护而存在了半个多世纪。

20 世纪 40 年代（左）及 50 年代（右）的屏调幅广播发射机

20 世纪 60 年代的屏调幅广播发射机

● **脉宽调制发射机**

20 世纪 70 年代初，美国哈里斯等公司提出脉冲宽度调制（PDM）方式，简称脉宽调制或 PDM。其工作原理是先将音频信号对 50kHz ~ 70kHz 的超音频三角波进行调制，得到脉冲宽度随声音信号幅度做线性变化的系列脉冲，将此脉冲进行放大、解调、滤波后再对高频末级进行屏调。由于用脉宽放大器代替了模拟调幅器，所以其整机效率可达 50% ~ 70%，全固态机可达 75%。此种调制制式适用于中、小功率的中波广播发射机。

●**脉阶调制发射机**

20 世纪 80 年代初，瑞士 ABB 公司提出脉冲阶梯调制（PSM）方式，简称脉阶调制或 PSM。其工作原理是先将音频信号离散成脉冲信号，再根据离散脉冲的量化值来控制高频末级 48 个屏压电源整流模块投入的数量，使已调波的幅度随音频呈阶梯变化，经滤波后发射。此制式是把高整电源和调幅器合一，并使高频末级工作在开关状态，所以其整机效率可达 70%～80%。此种调制制式适用于短波发射机。

脉冲阶梯调制（PSM）发射机的高整开关电源

●**数字调制发射机**

1987 年，美国哈里斯公司又提出数字调制（DX）发射机。其工作原理是先将音频信号离散成脉冲信号后，再根据脉冲量化数值直接控制 48 个（10kW 机）或 128 个（50kW 机）高频末级功放模块的投入数量，经功率合成、带通滤波后发射。该制式是把高整电源、调幅器和射频功放三者合一并采用数字电路，所以其整机效率可大于 80%。该种发射机的电声指标优良，远高于原来屏调机的甲级标准。它是目前大、中功率中波广播发射机的通用机型。

3. **调频广播发射机**

●**国外最早的调频发射机**

1939 年，美国工程师阿姆斯特朗在美国建立了世界上第一个调频广播发射站，他所使用的发射机为世界上最早的调频发射机。此后的近 20 年中，调频发射机皆沿用电子管单声道制式。

●**电子管双声道调频广播发射机**

20 世纪 50 年代末，美国工程师赖纳德·康研制出立体声广播系统。1960 年在加拿大蒙特利尔广播站第一次进行了调频立体声广播，此时的发射机为电子管双声道调频发射机，即立体声调频广播发射机。

●固态化立体声调频广播发射机

20 世纪 70 年代以后，半导体器件迅速发展。将大功率半导体管和大规模集成电路应用于调频广播发射机中，就出现了固态化立体声调频广播发射机。

目前世界上较驰名的固态化立体声调频广播发射机为意大利 R. V. R 电子有限公司（简称意大利 R. V. R）的产品。

意大利 R. V. R 生产的全固态 10kW（左）和 1kW（右）立体声调频广播发射机

4. 数字广播发射机

●DAB 发射机

DAB（数字音频广播）的实施始于 1993 年。1995 年年底，德国巴伐利亚广播集团构筑的世界最大的 DAB 网络投入运营，其全部设备由德国罗德与施瓦茨公司（R&S）提供。

德国 R&S 公司生产的 DAB 发射机

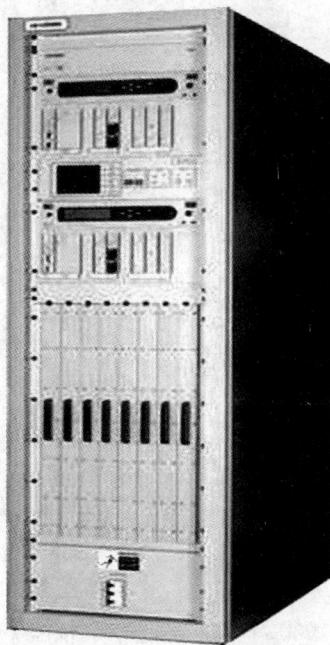

内置 DRM 调制器的哈里斯发射机

●**DRM 广播发射机**

DRM 系统是法国在 1996 年提出的。1998 年 3 月，在中国广州成立了"数字广播联盟"（DRM）。2003 年 7 月，DRM 系统正式推广。目前全球约有 27 个 DRM 系统正式运营。

原有的发射机经过简便的改装并增加一些相关部件后便可发射 DRM 信号，而接收机则必须使用能够接收 DRM 信号的专用收音机。

二、我国广播发射机的发展进程

1. 我国最早生产的发射机

1922 年，在上海南洋公学（上海交通大学前身）实验室，诞生了我国第一部无线电发射机。它是一部小功率、长波、火花式发射机。

1929 年 12 月，上海亚美无线电股份有限公司制造成功我国第一部 50W 无线电广播发射机。

2. 我国生产的调幅广播发射机

●**国产屏调幅广播发射机**

1949 年，新中国成立。自 1950 年开始，北京广播器材厂（简称北广）就研制生产出 1kW – 20kW 不同功率等级的屏调幅中波广播发射机。

北广 1953 年生产的 7.5kW 屏调幅中波广播发射机

1960 年 1 月，北京广播器材厂研制出我国第一部 1000kW 屏调幅中波广播发射机。

北广 1960 年生产的我国第一部 1000kW 屏调幅中波广播发射机

1972 年，北京广播器材厂又研制出我国第一部 1000kW 屏调幅短波广播发射机。

北广 1972 年生产的我国第一部 1000kW 屏调幅短波广播发射机

20 世纪 70 年代，我国已有北京广播器材厂、上海广播科学研究所、哈尔滨广播器材厂、黑龙江广播设备制造厂、鞍山广播器材厂、辽宁省铁岭电子设备厂、陕西广播电视设备厂（四机部国营 762 厂）、福建南平国营 8400 厂、广东韶关无线电厂等十几个厂家能生产各种功率的中、短波屏调幅广播发射机。

北广 20 世纪 70 年代初生产的 50kW 屏调幅短波广播发射机

●国产脉宽调制发射机

1975 年 5 月，黑龙江广播设备制造厂研制成功我国第一部 l0kW 脉宽调制（PDM）广播发射机，该机电声指标优良，但残波辐射严重。后经我国著名无线电专家冯秉铨教授改进设计，使其残波辐射达到最低程度。

1976 年，广东韶关无线电厂采用冯秉铨的设计，生产出一台 l0kW 脉宽调制广播发射机样机，通过了四机部的鉴定。此后，中央广播事业局决定：凡生产 l0kW 以下的广播发射机，一律采用此种制式。

我国自行研制的第一部10kW 脉宽调制广播发射机（仅剩机壳）

●**国产脉阶调制发射机**

1990 年，我国首次引进美国大陆公司 418E 型 100kW 脉冲阶梯调制（PSM）短波发射机，安装在广电部云南 501 发射台。1992 年 10 月，广电部长春 523 发射台与黑龙江广播设备制造厂合作，将该台一部抑制栅调—自动屏调制式的 150kW 中波广播发射机改造成脉冲阶梯调制（简称脉阶调制）方式，这是我国第一部自行改造成功的大功率脉阶调制（PSM）中波广播发射机。

1995 年，黑龙江广播设备制造厂研制出国内第一台 10kW PSM 制式中波广播发射机。1996 年，北广电子集团公司（其前身为北京广播器材厂）研制出指标优良、国内领先的 PSM 制式 100kW 短波广播发射机。

●**国产数字调幅发射机**

1992 年至 1993 年，国内有多个厂家引进美国哈里斯公司的 DX 制式广播发射机，并以此为样机对数字调幅技术进行研究。1997 年 9 月，陕西广播电视设备厂生产出 DM 制式 10kW 全固态中波广播发射机，以产品的形式交付用户使用。

21 世纪初，我国生产广播发射机的厂家已有数十个，均能自行设计生产除超大功率之外的各种制式、各种功率等级的发射机。目前，100kW 以下的发射机基本实

国产 1kW PDM 全固态中波发射机（左 1、2）和 10kW DM 全固态中波发射机（右）

现了全固态化。中波 5kW 以下的发射机一般采用 PDM 制式，10kW 以上的发射机一般采用 DM 制式；短波发射机一般采用 PSM 制式。中、小功率电子管发射机和乙类屏调机已停止生产。

国产 50kW PSM 短波广播发射机

3. 我国生产的调频广播发射机

●国产最早的调频广播发射机

1958 年年初，为了当年 5 月 1 日北京电视台的试播，北京广播器材厂在研制 1kW 电视图像发射机的同时，研制成功一部 500W 伴音用调频广播发射机。这是我国生产的第一部调频广播发射机。

●国产电子管单声道调频广播发射机

1960 年，北京广播器材厂开始研制生产电子管单声道调频广播发射机。到 20 世纪 70 年代，国内已能生产各种不同功率等级的电子管单声道调频广播发射机。

北京广播器材厂生产的 1kW（左）、10kW（右）电子管调频广播发射机

●国产电子管调频立体声广播发射机

1986 年，广播电视部设备制造厂研制成功 1kW 调频立体声广播发射机，并获电子工业部颁发的科技成果鉴定证书。自此，我国开始生产调频立体声广播发射机。

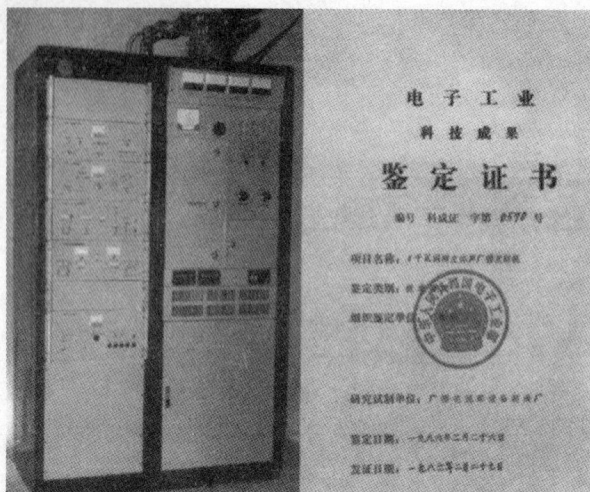

1986 年我国研制成功的第一部 1kW 调频立体声广播发射机

●国产固态化调频立体声广播发射机

20 世纪 90 年代中期以前，我国生产的调频发射机是电子管式的；20 世纪 90 年代后期，我国开始生产中小功率的固态化调频广播发射机；到目前，我国已有数十个厂家生产各种功率级的全固态调频立体声广播发射机。

国产 10W 全固态调频立体声广播发射机

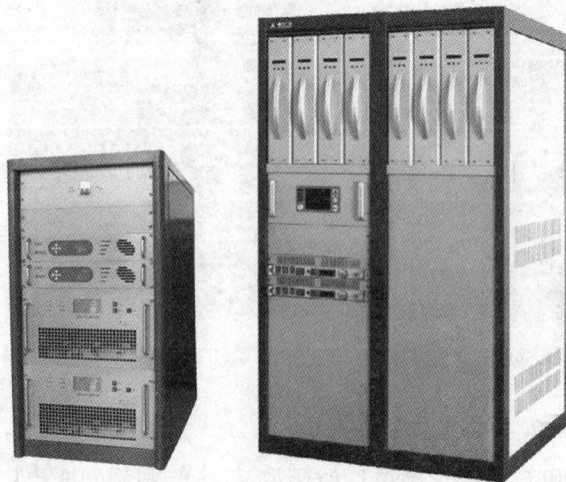

国产全固态调频立体声广播发射机（左为 3kW 机，右为 10kW 机）

4. 我国生产的数字广播发射机

●国产 DAB 发射机

1996 年 12 月 16 日，我国在广东省佛山广播电视中心进行了 DAB 首次试播。当时引进的是德国地面数字音频广播设备。

之后，我国开始自己研制地面数字音频广播设备，最早生产 DAB 发射机的是北京广播器材厂。

北京广播器材厂最早生产的 DAB 发射机

●国产 DRM 广播发射机

继 2000 年北京与海南之间进行的 DRM 传输试验和 2003 年广东珠海、中山等地的 DRM 传输试验并取得成功之后，国家广电总局于 2004 年 1 月发布《广播影视数字发展年工作要点》，积极推进广播覆盖的数字化进程。

2005 年，国家广电总局投资 600 万元开展 DRM 研究，由无线局、广科院和中国传媒大学等单位承担此项任务。选择一个对北京地区广播的短波发射台，开通一条数字传输链路，进行发送和接收的系统测试，验证其实际传输效果，研究和

国家广电总局无线局直属发射台 DRM 项目研究在进行专家鉴定

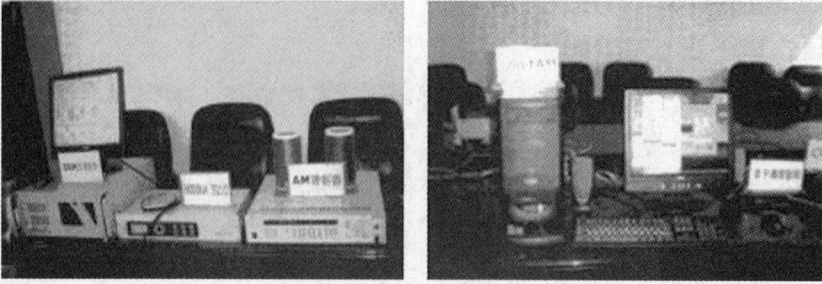

国家广电总局无线局直属发射台研制的 DRM 相关设备

探讨将国内现有各种广播发射机改造成数字发射机的技术要点和方法，以便加以推广。

北京广播电影电视设备制造厂等生产厂家曾研发 30MHz 以下调幅广播波段的 DRM 发射机。

第八章 电视发射机的发展进程

一、世界电视发射机的发展进程

电视发射机是将代表声音和图像的电信号转化成高频电磁波的设备。

1. 世界最早期的电视发射机

1925 年，英国科学家约翰·洛吉·贝尔德发明的电视讯号发送装置可为世界上最早期的电视发射机。

1926 年英国科学家贝尔德发明的电视讯号发送装置

2. 世界电视发射机发展概述

电视发射机发展过程的梗概是：信号种类从黑白到彩色又到高清；信号处理手段从模拟到数字；所用功放器件从电子管、速调管到 IOT 管又到全固态。其发展方向是高功率、高效率、高质量和高稳定可靠性。

3. 世界电视发射机发展历程

电视发射机的发展历程可用其种类演变来描述，而其种类又可从两个方面来划分。一是按发射机末级功放器件的类别来划分，可将电视发射机分为四大类，即四极管电视发射机、速调管电视发射机、IOT 管电视发射机和全固态电视发射机。二是从电视发射机产生的信号类别来划分，可将电视发射机分为三大类，即模拟电视发射机、数字电视发射机和数字高清电视发射机。

●**以电视发射机末级功放器件的类别来划分**

【四极管电视发射机】

20世纪70年代以前，电视发射机中的放大器件全部采用电子管。因末级功放管大都采用金属陶瓷四极管，所以又通称其为四极管电视发射机。那时的发射机有双通道和单通道之分。所谓双通道就是声音和影像分别用两部发射机产生，然后通过双工器混合后由天线发射；而单通道则是已调图像信号和已调伴音信号合成一路后再变频、功率放大，即声音和影像的调制波信号由同一部发射机产生。20世纪90年代以后，基本就不再生产双通道电视发射机。

四极管电视发射机的优点是线性较好，效率较高，价格相对低廉。其缺点是功放管寿命较短，输出功率较低。

20世纪80年代的单通道四极管电视发射机

80年代以后，出现了全固态电视发射机，四极管电视发射机因其劣势而有被淘汰的趋势。但20世纪90年代，法国汤姆逊公司在四极管工艺的基础上制作出双向四极管（Diacrode），使输出功率大为提高，从而提高了电子管电视发射机的竞争和生存能力。

【速调管电视发射机】

20世纪30年代末40年代初，美国和苏联分别研制出不同类型的速调管。70年代，速调管开始应用于特高频（UHF）大功率电视发射机。速调管的优点是功率大、寿命长、成本相对较低；缺点是非线性失真较大、体积大、维护不便。速调管电视发射机在21世纪初逐渐退出历史舞台。

速调管电视发射机

【IOT 管电视发射机】

1991 年，英国 EEV 公司生产出第一只感应输出管（Inductive Output Tube），通称 IOT 管。1993 年，国际上出现了采用 IOT 管的电视发射机。

IOT 管增益高、线性好、效率高，并且寿命长、体积小。IOT 管的问世是世界真空管制造业的飞跃。采用 IOT 管的发射机已成为主流电视发射机之一。

【全固态电视发射机】

20 世纪 70 年代，半导体管就开始应用于电视发射机，当时只在大功率发射机的前级使用。80 年代末，日本东芝公司推出 10kW ~ 50kW 的全固态电视发射机。此后，全固态电视发射机便很快在全世界得到推广与普及。

全固态电视发射机功放末级所用的半导体管有三种，即：双极半导体管、MOSFET（VDMOS）管和 LDMOS 管。其中双极半导体管温度补偿电路较为复杂，且线性范围有限，所以有被淘汰的趋势。MOSFET 管多用于 VHF 波段的电视发射机。LDMOS 管是横向扩散金属氧化硅场效应半导体管，其线性、效率与互调失真等都优于前两者，多用于 UHF 波段的电视发射机，开发潜力极大。

全固态发射机的主要优点是输出级采用功率合成技术，功放单元采用"冗余"设计，并联工作。当某些功放单元发生故障时，只减少相应的功率输出而不影响整机工作，所以可靠性极高，可不设备机工作。全固态发射机的另一优点是维护工作量小，运行成本低。其缺点是购入成本高，一次性投入大。

目前，美国哈里斯、法国汤姆逊、意大利太克诺等大公司都有技术成熟的全固态电视发射机产品。

● **以电视发射机产生的信号类别来划分**

【模拟电视发射机】

20 世纪 90 年代以前的电视发射机都是模拟发射机，即所播出的信号都是模拟信号。20 世纪 70 年代以前，发射机有播黑白信号的，也有播彩色信号的，当时的发射机都是四极管发射机。70 年代以后，发射机所播的信号都成为彩色信号；发射机末级功放器件也由金属陶瓷四极管逐步发展成双向四极管、速调管、IOT 管及半导体管。

【数字电视发射机】

1994 年，欧洲国际数字视频广播组织（DVB）公布了数字视频广播地面传输标准 DVB－T；1996 年，美国联邦通信委员会（FCC）批准了数字电视标准 ATSC。至此，数字电视地面广播在世界上进入了实用阶段。

为适应电视发射机数字化市场，国际上各大电视发射机制造厂家均已推出了 DVB－T 发射机系列（内置 DVB－T 信道编码器的 COFDM 调制器）和 DTV 发射机系列（内置 ATSC 信道编码器的 8VSB 调制器）。

现有的数字电视发射机主要有三种机型，即：全固态机型、IOT 管机型及双向四极管机型。欧美各国的数字电视地面广播普遍采用工作于 UHF 频段的大功率发射机覆盖，一般平均功率大于 10kW 的电视发射机主要采用 IOT 发射机，平均功率在 1kW～5kW 的电视发射机主要采用全固态发射机。

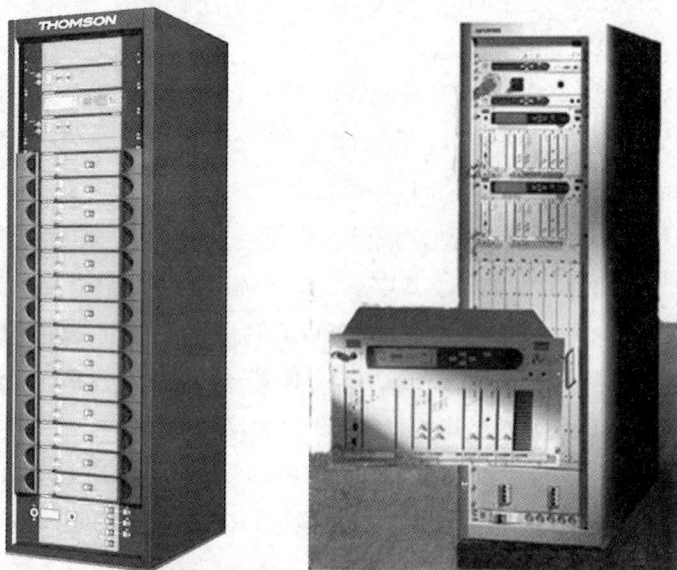

法国汤姆逊（左）和美国哈里斯（右）的数字电视发射机

DMB 发射机即数字多媒体广播发射机，它也是数字电视发射机的一种。该种发射机既能发射数字图像信号，又能发射数字音频信号，还能发射交通导航、金融股市等可视信息数据。它是将各种信号进行数字处理（编码、调制等）后传递，所以其传输质量很高，视频可达 DVD 质量，音频可达 CD 质量。

DMB 广播的突出优点就是适用于高速移动接收，所以可对汽车、火车、轮渡等交通工具上的流动人群进行服务。

意大利 Itleco 公司的 DMB 发射机

【高清数字电视发射机】

1987 年，美国首先提出高清晰度数字电视（HDTV）的概念。1995 年，美国正式确定 HDTV 地面广播方式及产品规格。1998 年，美国开始播出高清数字电视节目。自此也就产生了高清数字电视发射机。

高清电视有三种制式，即：日本的 ISDB 制式、欧洲的 DVB 制式和美国的 ATSC 制式。因此也就有与三种制式相对应的三类高清电视发射机。由于高清电视技术是基于数字技术发展的，所以高清电视发射机也属于数字电视发射机的一种，只不过其技术性能较标清电视发射机更高一些。

目前，各国较有实力的发射机制造厂家皆能生产高清数字电视发射机。

二、我国电视发射机的发展进程

1. 我国最早生产的电视发射机

●我国自己生产的第一部黑白电视发射机

1957 年 8 月，北京广播器材厂开始承担试制电视发射机的任务。由中央广播事业局派往捷克斯洛伐克学习电视技术的回国工程人员担任设计，清华大学给予协助，经过半年多的努力，于 1958 年年初，北京广播器材厂试制成功一部 1kW 图像发射

机和一部 500W 伴音发射机。至此，我国第一部黑白电视发射机诞生。1958 年 5 月
1 日，北京电视台（中央电视台前身）用此部发射机进行了实验播出。

我国第一部黑白电视发射机

● 我国自己生产的第一部彩色电视发射机

1959 年，以当时的广播科学研究所为主，与北京广播器材厂及有关院校合作，
开始进行彩色电视研究。一年多以后，研制出我国第一部国产彩色电视发射机，并
于 1960 年 5 月 1 日在北京建成了第一个彩色电视试验台，用 NTSC 制进行了试播。
后来由于三年国民经济困难，该试验台下马。

1969 年，第二次开始彩色电视的研究。经过调研，当时决定暂用 PAL 制作为中
国彩色电视的制式（1982 年正式决定以 PAL/D 制作为中国彩色电视的标准制式）。
之后，北京广播器材厂试制成功该制式的彩色电视发射机。

我国第一部中频调制彩色电视发射机

1973 年 4 月 14 日，北京电视台用 8 频道在北京地区进行彩色电视试播，发射机的功率为 1kW。同年 10 月 1 日正式播出，发射机的功率提高到 7.5kW。

2. 20 世纪 70 年代以前我国电视发射机的生产状况

20 世纪 70 年代以前，我国处于计划经济时期，发展生产倡导自力更生，电视发射机制造行业势单力薄。当时生产电视发射机的厂家只有北京广播器材厂、鞍山广播器材厂、成都广播设备厂及浙江杭淳广播器材厂等寥寥数家。

当时的产品主要是金属陶瓷四极管和速调管模拟制式的彩色电视发射机。功率等级都在 10kW 以下。

北京广播器材厂生产的金属陶瓷四极管（左）和速调管（右）彩色电视发射机

3. 20 世纪 80 ~ 90 年代我国电视发射机的生产状况

1978 年以后，我国实施改革开放政策，逐步实现计划经济向市场经济转轨。在此阶段，我国跟踪世界先进技术的发展趋势，大量引进国外先进技术和先进设备，与国外知名厂商合作，在不到 20 年的时间里，使我国生产的电视发射机，无论在质量上还是在数量上都有了大幅度的飞跃。

在此阶段，我国研制出双向四极管单电子管电视发射机、全固态电视发射机及数字高清电视发射机。

●双向四极管电视发射机

1997 年，北京广播器材厂推出了采用双向四极管的 10kW 单管机，使我国的单管机机型在技术上已接近国外同类产品的水平。

●全固态电视发射机

20 世纪 80 年代我国就开始生产小功率全固态电视发射机，但生产水平还处在初级阶段，主要功放模块都是用进口件组装。

我国早期生产的小功率全固态电视发射机

● 高清数字电视发射机

1998 年，北京广播器材厂研制成功我国第一台高清数字电视发射机。1998 年 9 月，该发射机在北京进行了地面高清电视播出试验。该项目于 1999 年 2 月通过北京市科学技术委员会组织的鉴定，并获信息产业部科技进步奖。

1999 年，北京广播器材厂又研制成功 TVU－D311 等三种型号的高清数字电视发射机，这些发射机是为 "HDTV 测试与转播试验工程" 二期工程所研制。1999 年国庆，中央电视台用它们成功地转播了建国 50 周年大庆的实况。该项目于 2000 年 11 月通过了技术鉴定。

为满足北京数字电视试验区的需要，北广又研制了 TVU－D322 型全固态高清数字电视发射机，并于 2001 年 12 月通过了由北京市科委主持的技术鉴定。

4. 21 世纪初我国电视发射机的生产状况

基于市场经济的激励，到 21 世纪初，我国电视发射机生产厂家已增加到数十个。其中有国营的、民营的，也有中外合资的。这些厂家的产品竞相媲美，活跃了国内市场。其中较驰名的有北京北广数字广播电视股份有限公司、上海明珠广播电视科技有限责任公司、鞍山通用广播电视设备有限公司、北京同方吉兆科技有限公司、陕西数字广播通讯设备有限责任公司、成都凯腾四方数字广播电视设备有限公司及成都成广电视设备有限公司等。

此阶段的产品主要是大功率全固态电视发射机、数字电视发射机以及移动多媒体发射机等。

● 大功率全固态电视发射机

进入 21 世纪，我国已能生产 10kW 以上的大功率全固态电视发射机，其技术性能已能赶上世界先进水平。如北京同方吉兆就于 2001 年推出中国第一台具有全部自主知识产权的 VHF 10kW 全固态电视发射机；2002 年，该公司又推出中国第一台具有全部自主知识产权的 UHF 10kW 全固态电视发射机。

目前，国内已有多个厂家能生产大功率全固态电视发射机。

国产 10kW 全固态电视发射机

●数字电视发射机

2003 年 9 月 18 日，北京同方吉兆在湖南数字电视单频网中正式推出中国第一台商用数字电视发射机。2004 年 1 月，该公司又推出了 1.3kW 数字电视发射机。

应该说明，我国数字电视地面传输标准，即"数字电视地面广播传输系统帧结构、信道编码和调制"国家标准（GB 20600—2006），是 2006 年 8 月 18 日颁布，于 2007 年 8 月 1 日开始实施的。在此之前，北京同方吉兆研制的数字电视发射机，虽因无国标可循而不一定完全符合国家标准，但从技术前瞻性的角度考虑，还是有一定的实际意义的。

●CMMB 电视发射机

2006 年 10 月 24 日，国家广电总局正式颁布了中国移动多媒体广播（简称

北京同方吉兆生产的 CMMB 发射机

CMMB）行业标准，并定于 2006 年 11 月 1 日开始实施。该标准适用于 30MHz ~ 3000MHz 频率范围内的广播业务频率，采用卫星与地面传输网相结合的技术体制，用"广播式下传 + 移动通信回传"的方式，为移动便携式终端如手机、PDA、MP4、数码相机等提供广播电视节目和信息服务。

2006 年以后，国内有很多厂家开始生产 CMMB 发射机。

第九章 广播接收机的发展进程

一、世界广播接收机的发展进程

广播接收机通称收音机，它是将高频电磁波转换成声音的设备。

收音机的发展进程按元件组成大体可分四个阶段。第一阶段是矿石收音机，第二阶段是电子管收音机，第三阶段是半导体收音机，第四阶段是集成电路收音机。其中矿石收音机没有放大作用，电子管收音机和半导体收音机各有直接放大和超外差两种电路程式，集成电路收音机则都是超外差程式。

1. 矿石收音机

1910 年，美国科学家邓伍迪和皮卡尔德发明了矿石收音机，这是最简单的收音机，只由电感、电容、矿石检波器和耳机四种元件组成。

早期的矿石收音机（左）及其核心部件——矿石检波器（右）

2. 电子管收音机

●电子管直放式收音机

直放式是直接放大式的简称。电子管的放大作用发明之后，直放式收音机随之产生。其工作原理就是对接收到的高频信号和检波后的音频信号进行直接放大。

一般电子管直放式收音机多采用再生电路。再生电路是美国人费里斯特在 1912 年发明的。其工作原理是对高频放大器施加正反馈以增加其灵敏度和选择性。

有的直放式收音机还采用来复式电路，即将检波后的音频信号再返回到高频放大器进行翻"来复"去的放大，这样可以提高放大元件的利用率。

直放式收音机流行于20世纪30年代。

1925年美国生产的直放式收音机

1935年日本生产的直放式收音机

● **电子管超外差式收音机**

1913年，美国工程师阿姆斯特朗发明了超外差电路。其原理是将接收到的高频信号与机内产生的本机振荡信号差拍，经变频后产生一个固定的中频信号再进行放大、检波和低放。超外差式收音机于1924年首次投放市场，1934年以后得以推广。该种制式因其性能优良而沿用至今，目前有90%以上的各类接收机仍采用此种制式。

【**20世纪30～40年代国外的电子管超外差式收音机**】

20世纪30～40年代，国外的电子管超外差式收音机还算一种奢侈品，其设计注重外观造型，颇像艺术品。当时较为流行的外观造型有柜橱式、墓碑式、教堂式等。

柜橱式收音机

墓碑式收音机

教堂式收音机

【20世纪50～60年代国外的电子管超外差式收音机】

20世纪50～60年代，国外的电子管超外差式收音机日渐盛行，收音机的外形开始实用化，逐渐统一成两种风格，即边缘带流线型的矩形台式和侧看上窄下宽的梯形座式。其中欧美诸国和苏联所产的收音机各具特色、分领风骚。以上所述各种电子管超外差式收音机虽外形各异，但其电路原理及电路结构基本是一样的。

1947 年美国生产的超外差式收音机

1952 年苏联生产的超外差式收音机

1955 年荷兰生产的超外差式收音机

1960 年西德生产的超外差式收音机

3. 半导体收音机

●世界第一台半导体收音机

1954年10月，美国产业开发工程协会雷根西（Regency）分会生产出世界第一台半导体收音机——Regency（摄政）TR-1型4管便携式收音机。

世界第一台半导体收音机——Regency（摄政）TR-1型收音机

●国外早期生产的半导体收音机

第一台半导体收音机问世后，美国通用电气公司和日本索尼公司都开始研制生产半导体收音机。1955年8月，日本索尼公司开发出TR-55型半导体收音机。1955年末，美国通用电气公司推出678型4管半导体收音机。

日本索尼公司生产的TR-55型半导体收音机

美国通用电气公司生产的 678 型半导体收音机

4. 集成电路收音机

20 世纪 90 年代以后，集成电路开始应用于收音机。用集成电路装配的收音机融入微电脑技术，普遍实现了电调谐、自动锁频、数字显示等功能。目前市场上有接收模拟广播信号和数字广播信号两种程式的收音机。

●**模拟广播收音机**

德国根德股份公司（Grundig AG）是德国三大家电企业之一，其生产的收音机性能和音质都很优良。日本索尼、爱华等公司生产的收音机性能也较优良，索尼公司的设计较为人性化，其智能化收音机堪称现代精品。爱华公司生产的袖珍型调幅/调频立体声广播接收机曾一度流行。

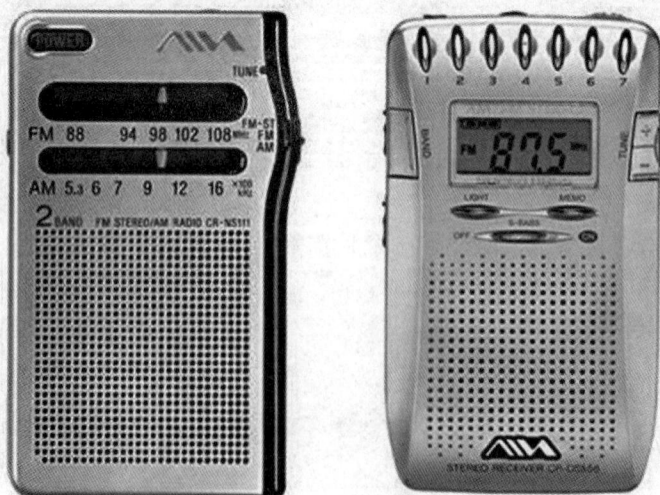

日本爱华公司生产的 CR－DS556 型（左）和 CR－NS111 型（右）收音机

●数字广播接收机

20 世纪 90 年代以后，地面数字音频广播和卫星数字音频广播相继兴起，能接收数字音频广播的接收机随之出现。地面数字音频广播较成熟的模式是 DAB 和 DRM，卫星数字音频广播较成熟的模式是世广卫星系统的数字音频广播。20 世纪末，能接收这类信号的接收机逐渐普及。

DAB 收音机（左：日本索尼；右：英国得力）

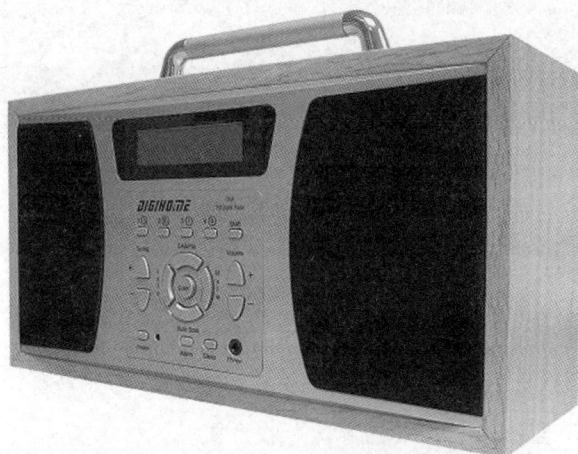

具有接收 DRM 广播功能的英国 Pure 接收机

韩国 Joyeardar – ws 2000 型世广卫星系统接收机

二、我国广播接收机的发展进程

1. 新中国成立前

●最早传入我国的收音机

我国最早的收音机是20世纪20年代由日本人引进的日本产品，为电子管直放式收音机。此后，日本人又在我国东三省大批量生产该种程式的收音机。

20世纪30年代中国东北民众使用的日本直放式收音机

●我国最早自行装配的收音机

我国最早制造的收音机是1936年湖南长沙中央无线电制造厂（南京无线电厂前身）用进口元件装配的"环球牌"五灯（5只电子管）收音机。

1948年，中央无线电器材有限公司南京厂又用进口整套散件组装生产美国"飞歌牌"（Philco）806型五灯（5只电子管）收音机。

1948年南京组装的"飞歌牌"五灯收音机

— 106 —

2. 新中国成立后

●矿石收音机

新中国成立初期，我国国民经济困难，人民生活水平低下。当时的收音机算一种奢侈品，不能普及。但较廉价的矿石收音机却为民众所看好，20 世纪 50～60 年代曾于我国城镇和乡村流行。既有厂家商品出售的，也有无线电爱好者自行组装的。

南京有线电厂生产的矿石收音机

矿石收音机元件实物图

●电子管收音机

【直放式收音机】

电子管直放式收音机的成品，20 世纪 30～40 年代见于我国的城市。50～60 年代，厂家的商品已很少见，流行于民间的直放式收音机多为无线电爱好者自己装配。

3 管直放式收音机元件实物图

【超外差式收音机】

◆我国自己生产的电子管超外差式收音机

1953 年，南京无线电厂制造出我国第一台全国产化的"红星牌"5 管超外差式收音机（见彩图 9），之后便投入批量生产。

1954 年生产的"红星牌"超外差式收音机

1956 年 1 月 11 日，毛泽东主席视察了南京无线电厂。同年，该厂生产的"熊猫牌"电子管超外差式收音机进入国际市场。

◆20 世纪 50 年代至 60 年代初国产电子管超外差式收音机

20 世纪 50 年代中期，国产电子管收音机多为 5 只电子管的超外差式收音机。其外形多为矩形台式，三个旋钮。

20 世纪 50 年代末至 60 年代初，国产电子管收音机多为 5 只电子管或 6 只电子管的超外差式收音机，其中 6 管机是加了调谐指示管。此时收音机的外观多为梯形座式，双套钮。调谐指示管为竖柱型。

我国 20 世纪 50 年代生产的电子管超外差式收音机

20 世纪 60 年代初国产 5 管收音机常见外形

20 世纪 60 年代初国产带调谐指示的 6 管收音机常见外形

◆20 世纪 60 年代末至 70 年代国产电子管超外差式收音机

20 世纪 60 年代末，我国生产的电子管超外差式收音机大都是带有调谐指示的 6 管收音机，部分收音机还装有琴键式波段开关。

20 世纪 70 年代，国产电子管超外差式收音机普遍是带有调谐指示的 6 管收音机，造型又恢复矩形台式风格，并普遍带有音调控制器（面板上多一个音调控制旋钮或一组琴键开关），调谐指示管也以横条型为多。

20 世纪 60 年代末国产电子管超外差式收音机常见外形之一

20 世纪 60 年代末国产电子管超外差式收音机常见外形之二

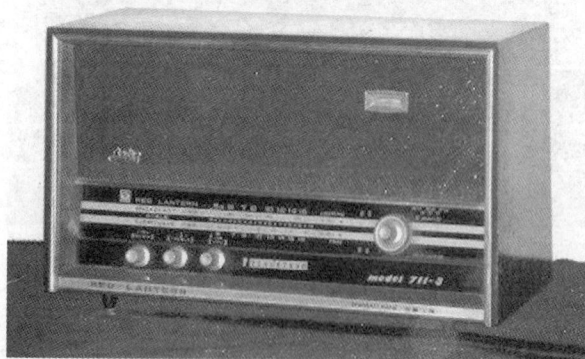

20 世纪 70 年代国产带音调控制器旋钮的电子管超外差式收音机

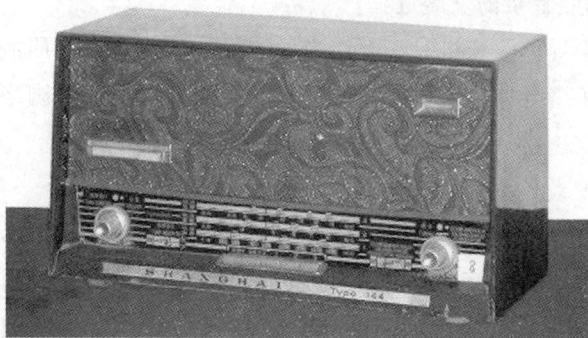

20 世纪 70 年代国产音调用琴键开关控制的电子管超外差式收音机

◆**我国电子管超外差式收音机的四大品牌**

电子管超外差式收音机于 20 世纪 60 年代曾在我国普及。当时颇受消费者青睐的有南京无线电厂生产的"熊猫牌"（601 型）（见彩图 10）、上海无线电三厂生产的"美多牌"（663 - 2 - 6 型）（见彩图 11）、北京无线电器材厂生产的"牡丹牌"（见彩图 12）及国营天津无线电厂（即天津国营 712 厂）生产的"北京牌"（见彩图 13）等四大品牌。

1983 年，由于半导体的兴起，我国停止了电子管收音机的生产。

●**半导体收音机**

【**国内第一台半导体收音机**】

20 世纪 50 年代中期，半导体收音机传到中国。1956 年 10 月，在全国职工科学技术普及工作展览会上就有了半导体收音机展台。

全国职工科学技术普及工作展览会上的半导体收音机展台

1958 年 3 月，上海宏音无线电器材厂等 9 家工厂与上海无线电子技术研究所联合研制出我国第一台半导体收音机。

【国内半导体收音机的发展进程】

我国研制出半导体收音机时，国产半导体元器件也正处在研制阶段，不能批量生产，这就制约了半导体收音机在我国的普及和发展。也使我国半导体收音机的发展进程出现如下有违常规的三个阶段。

◆高档超外差式半导体收音机的研发阶段

此阶段在20世纪60年代初期。

1962年，南京无线电厂生产出高档次的"熊猫牌"B－802型3波段8管半导体超外差式收音机（见彩图14）。1963年6月，上海无线电三厂生产出"美多牌"28A型2波段8管半导体超外差式收音机（见彩图15）。1963年12月至1964年10月，北京市试制成功"牡丹牌"8402型2波段8管半导体超外差式收音机（见彩图16）。此三种收音机为当时并列的三大名牌，它多用于国内外礼节性交往以及为高端用户所使用。

◆普及型超外差式及直放式半导体收音机的普及阶段

此阶段在20世纪60年代中期至70年代中期。

1963年8月，商业部、财政部、中央广播事业局、四机部联合在北京召开广播收音机专业会议，讨论并制定了相应措施，对半导体收音机的生产作了安排。会议的报告于同年11月20日被国务院批准，自12月1日起，半导体收音机平均降价21%。此时，国产半导体元器件的质量和产量都有所提高，为半导体收音机的大批量生产奠定了基础。基于此，国内收音机生产厂家开始研制普及型超外差式半导体收音机。如南京东方无线电厂生产的"红星牌"404型、南京无线电厂生产的"熊猫牌"B－302型就属于此类。当时有很多省（区）的无线电厂也开始研制生产此类普及型超外差式半导体收音机。

内蒙古无线电厂生产的"葵花牌"7510D普及型超外差式半导体收音机

到了 20 世纪 60 年代末 70 年代中期，半导体元器件的价格已大幅度下降，城乡无线电爱好者开始自行装配直放式半导体收音机。这种收音机大都采用再生来复式电路，当时无线电爱好者装 4 管机多仿制"海棠牌" TR - 401 型收音机的电路。

此时，成品收音机也有直放式的，当时较为流行的品牌有：北京朝阳无线电厂生产的"百灵牌"、上海无线电四厂生产的"宝石牌"（4B2 型）、天津渤海无线电厂生产的"海河牌"（BS401 型）及武汉市无线电厂生产的"海棠牌"（TR - 401 型）等。

20 世纪 70 年代无线电爱好者装配的直放再生来复式半导体收音机

◆中、高档次超外差式半导体收音机的普及阶段

此阶段在 20 世纪 70 年代中期至 80 年代后期。

20 世纪 70 年代中期，我国半导体收音机的生产已有了较快的发展。当时市场上出现了各种档次、多种类型、价格能为大众接受的半导体收音机。其程式皆为超

上海无线电三厂生产的"春雷牌" 605 - 2 型交直流两用台式半导体收音机

— 113 —

外差式。常见的机型有：普及型袖珍式，如上海无线电三厂生产的"红旗牌"703型3波段7管袖珍式半导体收音机；手提便携式，如上海无线电三厂生产的"春雷牌"3P2型3波段9管便携式半导体收音机；交直流两用台式，如上海无线电三厂生产的"春雷牌"605－2型交直流两用台式半导体收音机。

到20世纪80年代后期，高档袖珍式收音机、调频调幅两用台式收音机及收音、录音组合型收音机开始流行和普及。上海无线电二厂生产的"红灯牌"2J8型3波段8管袖珍式半导体收音机，北京无线电厂生产的"牡丹牌"2241型调频、调幅全波段22管台式高级半导体收音机，常州无线电总厂七分厂生产的"星球牌"XQ－8807型中、短波四喇叭立体声便携式半导体收录机是其中的佼佼者。

"红灯牌"2J8型3波段8管袖珍式半导体收音机

"星球牌"XQ－8807型中、短波四喇叭立体声便携式半导体收录机

●集成电路收音机

20世纪90年代以后，我国生产的收音机基本都采用集成电路。目前，市场上有接收模拟广播和接收数字广播的两种国产收音机。

【模拟广播收音机】

接收模拟广播的收音机大都是多波段全频道收音机或能接收调频立体声和调幅广播并具有 MP3、录音等多种功能的一体机。如东莞市德生通用电器制造有限公司生产的德生 Tecsun BCLL3000 型收音机和深圳市德劲电子有限公司（SZ）生产的德劲 DE1121 型多功能一体机就具有一定的代表性。

德生 Tecsun BCLL3000 型收音机

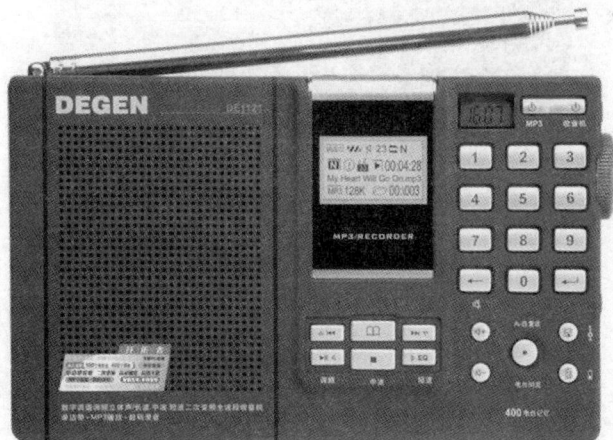

德劲 DE1121 型收音、录音及 MP3 多功能一体机

【数字广播接收机】

我国地面数字广播只在试验阶段。国产接收数字广播的民用收音机在市场上能见到的有接收 DAB 广播和接收 DRM 广播的两类。接收世广卫星系统数字音频广播的收音机并不多见。

国产 DAB 广播接收机

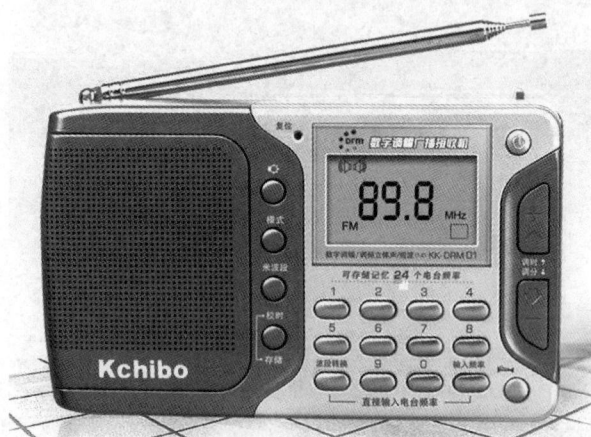

国产可接收 DRM 广播的收音机

第十章　电视接收机的发展进程

一、世界电视接收机的发展进程

电视接收机的发展进程主要体现在三个方面，即：画面由黑白到彩色又到数字高清；元件及装配由电子管分立件到半导体管分立件又到集成电路；显示器由阴极射线管到平面显示器。

1. 世界早期的电视机

1925 年，英国科学家贝尔德研制成功世界第一台机械扫描黑白电视机。

贝尔德发明的世界第一台机械扫描黑白电视机

1928 年的电视机样机

1930 年英国制造的第一台商品电视机

2. 世界早期的电子管黑白电视机

1939 年，美国无线电公司（RCA）推出商品化电子扫描黑白电视机。

1939 年美国的电视机

1949 年英国的电视机　　　　　　　1957 年法国的电视机

3. 世界早期的电子管彩色电视机

1950 年，美国无线电公司研制出世界第一台彩色电视机。

1954 年，该公司又依据全美彩色电视标准推出世界第一台电子扫描彩色电视机。自此，世界进入彩色电视时代。

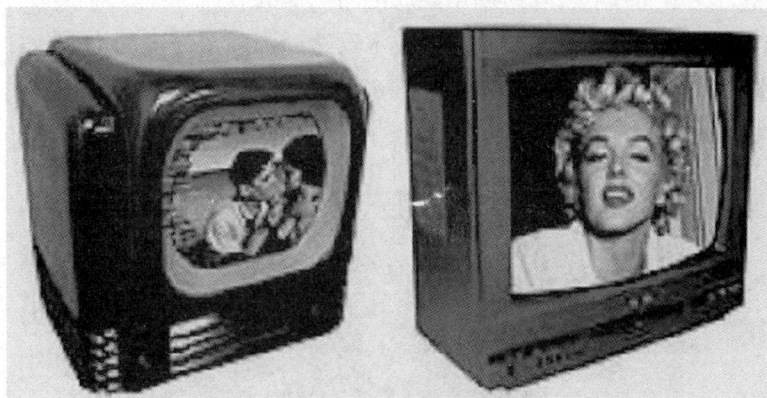

国外早期的彩色电视机

4. 世界当代的电视机

当代电视机的特点是：装配元件由电子管分立件过渡到半导体管分立件，又过渡到集成电路；显示屏由电子显像管过渡到平面显示器；屏幕尺寸的变化，大的有超大屏幕，小的可手持；此外，还出现了高清晰度（高清）电视机。

●装配元件的进化

【电子管分立件电视机】

20世纪50~60年代，半导体管尚不普及，电视机基本都是由电子管分立件组装，当时绝大部分的电视机都是黑白电视机，该种电视机体积庞大而笨重。

电子管分立件电视机内部元件实体图

【半导体管电视机】

1954年，美国得克萨斯仪器公司研制出世界上第一台全半导体管电视接收机。半导体管电视机于20世纪70年代盛行，它们多采用印刷电路装配。

【集成电路电视机】

1966年，美国无线电公司研制出集成电路电视机。

1980年，日本的彩电集成电路生产技术已达到国际最先进的水平。日本东芝公司相继推出TA四片IC技术和TA两片IC（TA7680、TA7698）技术。

1990年，东芝公司又第一个推出单片彩电IC A8690。之后，三洋、松下、飞利浦

20世纪80年代某电视机内部元件实体图

等公司也相继推出单片彩电集成电路产品。特别是飞利浦公司推出的 I2C 总线技术，使电视机线路简化、功能扩展、调试简单、成本降低。

20 世纪 80 年代以后，电视机皆采用集成电路和印刷电路板装配。

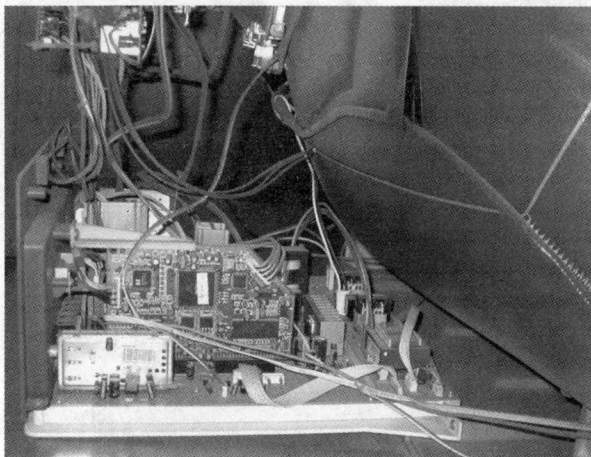

21 世纪初某电视机内部元件实体图

● **显像管的进化**

【**电子显像管电视机**】

早期电视显像管的显像面呈球弧状，称球面显像管。因其显示的图像容易失真或变形，所以已被淘汰。继之出现的是平面直角显像管，其图像效果有较大改善。之后又出现了超平显像管，它是将平面直角显像管的平坦度进一步改善，使其画面质量有了大幅度提升。再之后又出现一种柱面显像管，其垂直方向平直，水平方向呈柱面弯曲，它可进一步减小图像的变形。目前最先进的是纯平显像管，它在水平和垂直两个方向上都实现了真正的平面。纯平显像管最大限度地减少了图像畸变，色彩饱和度和对比度都十分理想，代表了阴极射线管显示器的发展方向。但阴极射线管所共有的体积大、笨重、电压高、耗能大及有 X 射线等仍是其致命的弱点。

球面显像管电视机　　　　　　　　　平面直角显像管电视机

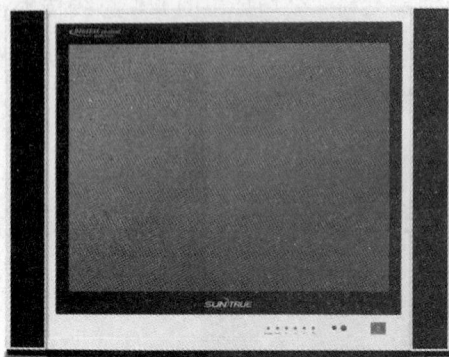

超平显像管电视机

柱面显像管电视机

纯平显像管电视机

【平面显示器电视机】

　　20世纪60年代，相继出现了等离子显示技术和液晶显示技术。20世纪末，该两项技术已成功地应用于彩色电视接收机的显示屏。两者共同的特点是厚度薄、重量轻、耗电省、无辐射及色彩鲜艳明亮、画质细腻。等离子显示的缺点是发光激励消失后，图像会出现短暂残存；液晶显示的缺点是侧面观看图像会变暗、失真。不过这些缺陷都逐渐被相应的技术所克服。到21世纪初，两种显示技术都已广泛地应用于彩色电视接收机中。

等离子电视机

液晶电视机

●屏幕尺寸的变化

随着新显像元件的开发应用和人们文化生活日益丰富的需要，电视机屏幕的尺寸不再拘于传统的21英寸～34英寸，而是向大屏幕和小屏幕发展。

【大屏幕电视机】

1972年，日本研制出彩色电视投影机。之后便出现了家用大屏幕背投电视机。20世纪90年代，家用背投电视机开始盛行。

背投电视的原理就是将安装在机身内底部的投影机信号经过反射，投射到半透明的屏幕背面显像。背投电视的种类根据投影机的不同而分为LCD（液晶）和DLP（数码光路处理器）两种。LCD背投电视性能优越，但价格昂贵。DLP背投电视较为实惠，所以得到普及。

DLP背投电视是以美国德州仪器公司研制的DMD（数字微镜装置）作为成像器件，该器件含有众多的微小正方形反射镜片（称微镜），每个微镜代表一个像素，

日本JVC公司开发的110英寸背投电视机

它们受存储器的控制而将光反射到屏幕上成像。DLP 背投电视色彩鲜明、图像质量稳定、价格相对便宜，所以曾成为家庭大屏幕电视的主角。

2006 年，日本 JVC 公司开发出全球最大屏幕（110 英寸）的背投电视机。该种电视机于 2007 年 7 月投放市场。

【小屏幕电视机】

1977 年，英国研制出第一批携带式电视机，迈出了电视机小型化的第一步。1981 年，日本索尼公司研制出屏幕仅 2.5 英寸的袖珍黑白电视机，开创了电视机小型化的新纪元。

1995 年，日本索尼公司推出手持式彩色电视机，屏幕尺寸约 2 英寸，只有手掌大小，重量为 280 克。从此小型电视机开始实用化。

随着移动电视的发展，手持电视和手机电视迅速普及，市场上已出现了形形色色的适应不同人群需要的各类产品。

小屏幕（5 英寸）电视播放器（DVD）

● 高清电视机

自 20 世纪 80 年代开始，世界上主要发达国家便竞相对高清数字电视进行开发。

1987 年，美国首先提出高清晰度数字电视（HDTV）的概念。经过 8 年的技术开发，美国联邦通信委员会（FCC）终于在 1995 年正式确定 HDTV 地面广播方式和产品的规格。1998 年，美国正式开播高清数字电视。

接收高清数字电视的接收机，其水平扫描行数至少要有 720 行的高解析度，且屏幕的宽高比为 16：9。世界上高清数字电视的扫描格式有三种，即 1280×720p、1920×1080i 和 1920×1080p（其中 i 代表隔行扫描，p 代表逐行扫描）。我国采用的是 1920×1080i/50Hz。

高清数字电视接收机还应能实现 5.1 路环绕声，使其伴音更具逼真感和震撼力。

二、我国电视接收机的发展进程

1. 黑白电视机

●我国第一台黑白电视机

1957 年 4 月，我国第二机械工业部第十局把研制电视接收机的任务交给国营天津无线电厂（即天津国营 712 厂，后改为天津通信广播公司）。因当时我国电视事业准备按苏联及东欧的模式发展，所以该厂便仿照苏联的"旗帜牌"电视机研制我国的电视机。

1958 年 3 月 17 日，我国第一台电视接收机实地接收试验成功。该台电视机是 14 英寸（35cm）电子管黑白电视机，定名为"北京牌"820 型，并被誉为"华夏第一屏"（见彩图 17）。

●我国黑白电视机发展简况

1958 年 7 月 24 日，上海电视机厂（后改组为上海广电集团有限公司，简称上广电）研制成功"上海牌"101 型 17 英寸（43cm）电子管黑白电视接收机。

1960 年，上海电视机厂开始批量生产"上海牌"104 型黑白电视机。

20 世纪 70 年代，黑白电视机开始进入我国家庭。但当时价格昂贵，相当于一个普通工人几年的工资，因此被看成是奢侈品，不被一般家庭所接受。

2. 彩色电视机

●我国第一台彩色电视机

1970 年 12 月 26 日，国营天津无线电厂又研制出我国第一台"北京牌"彩色电视机，从此拉开了我国彩电生产的序幕。

20 世纪 80 年代生产的"北京牌"彩色电视机

●**我国彩电行业发展简况**

我国彩电行业起步于 20 世纪 70 年代初。由于当时彩色显像管等主要部件需从国外进口，再加上计划经济的制约，所以我国彩电生产发展缓慢。

1978 年，经国家批准，上海电视机厂从国外引进全国第一条彩电生产线。1982 年 10 月，该厂正式投产，生产"金星牌"彩色电视机。同一年，北京无线电器材厂又从日本引进生产线，于 1983 年投产，生产"牡丹牌"彩色电视机。此后，国内各生产电视机的厂家相继引进国外彩电生产线，大小总计有 100 多条。

1982 年 12 月，我国建成国内第一个彩色显像管厂——咸阳彩虹彩色显像管厂，彻底改变了我国彩电显像管依靠进口的局面。

由于生产线的先进和主要元件不再需要进口，所以我国彩电生产有了长足的发展。

1982~1985 年，国内彩电进入品牌竞争时代。当时主要产品的品牌有：熊猫、金星、北京、牡丹、昆仑、凯歌、如意、飞跃等，其中以牡丹、金星两个品牌的彩色电视机最为民众所青睐。

"牡丹牌"彩色电视机

"金星牌"彩色电视机

20 世纪 80 年代中期以前，由于我国民众消费能力有限，所以电视机普及率很低。据统计，1958 年，我国全国大约只有 20 台黑白电视机。1985 年，我国城市每百户拥有电视机不足 20 台；农村每百户拥有电视机不足 1 台。

20 世纪 80 年代中期以后，我国提出"四级办广播电视"的方针，全国各地纷纷成立了电视台，加上改革开放使人们生活逐渐富裕，看电视已经成为当时中国老百姓日常生活的重要组成部分，因此对彩电的需求逐渐加大。中国是一个人口大国，所以中国的彩电市场前景广阔。

正是由于看到了中国市场的巨大潜力，所以国外产品在 20 世纪 80 年代后期开始大量涌进中国，其中以日本产品居首。当时的国外品牌主要有：日本的日立、东芝、松下、JVC、索尼、夏普及荷兰的飞利浦等。

此时，我国的彩电生产开始出现合资企业。其中福建省和日本国株式会社日立制作所合资成立的福日电视机有限公司就是中国电子行业第一家中外合资企业，该公司生产"福日牌"彩色电视机。

1987 年，我国电视机产量已近 2000 万台，超过了日本，成为世界最大的电视机生产国。但是由于技术等方面的原因，国产彩电的功能及质量均难以满足国内消费市场的需求，所以 20 世纪 80 年代后期至 90 年代初期，日系彩电仍在中国电视市场占优势地位。

1989 年下半年，我国出台了彩电降价政策。从此，国产彩电摆脱了计划经济的束缚。国产彩电降价，以价格优势占领了国内低端市场（大众市场），同时也推进了我国电视机的普及。据统计，到 1993 年，我国城镇居民彩电的户拥有率已经超过100%，农村彩电的户拥有率也达到近 1/3。

此阶段，中国彩电制造业的竞争也异常激烈。有些国产品牌在竞争中退出市场，有的则在竞争中生存下来。到 20 世纪 90 年代中期，全国只剩长虹、康佳、创维、TCL、厦华、海信、海尔、金星、熊猫、北京、福日、彩虹等不到 100 家彩电生产企业。

1997 年，我国已形成年产彩色电视机 3000 万台的生产能力，出口量 500 万台。产品质量和技术水平均已进入国际先进行列，彩电总体国产化率达到 80% 以上，国内市场占有率已超过 90%。

1999 年至 2001 年，国产品牌在中国依靠价格战占据了有利位置，迫使洋品牌开始主攻高端市场。此阶段国内市场上的电视机基本以电子显像管电视机为主，且大都为超平或纯平显像管彩电。

21 世纪初，液晶电视、等离子电视开始陆续进入我国市场。

2002 年以后，土洋品牌展开了全面竞争。国产彩电企业除了继续保持在低端市场的优势外，部分企业在高端市场中也具备了同洋品牌的竞争能力。如长虹、TCL、海尔等企业就陆续开始平板电视普及的风潮。虽然日本的索尼、夏普以及韩国的LG、三星等品牌在液晶、等离子电视的高端市场仍处于主导地位，但由于国产品牌在高端市场的发力，也迫使一直占据高端市场的外资品牌电视降价，并且越来越多的低价合资平板电视也开始出现在我国市场。

2005 年是液晶与等离子电视发展最迅速的一年。虽然当时的等离子、液晶电视还不能做到高清，但价格却很贵，一台 32 英寸的等离子或液晶电视就卖到万元以上。直到 2008 年，价格可为一般平民所接受的高清或标清等离子、液晶电视才出现在市场上，其中不但有外国品牌，而且有合资或国产品牌。

如今，中国已经成为全球最大的彩电生产和销售国，在自主创新和技术引进方面也接近世界领先水平。总观我国的电视产业，虽然产量最高，市场占有份额最大，但由于有些核心技术不掌握在我们手中，所以大部分利润仍被外商赚走。为此，中国应形成一套完整的产业链条，以便打造能够立足于国内外市场的属于自己的产品名牌。

●大屏幕电视

20 世纪 90 年代中期，随着我国居民住房条件的改善，40 英寸以上的大屏幕电视悄然兴起。大屏幕有直观式电视和背投式电视两种，当时价格都比较昂贵。1997年，消费级背投电视出现在国内市场，使"大屏幕"电视开始受到我国居民的重视。

1999 年 9 月，国产长虹背投电视上市；21 世纪初，TCL、康佳都相继推出 47 英寸以上的直观式液晶电视机。这些都加速了大屏幕电视在我国的普及。

2008 年北京主办奥运会，给大屏幕电视的发展带来了契机。在 2007 年，大屏幕电视曾成为我国居民消费的一个热点。

●高清数字电视机

1999 年 10 月 1 日，我国进行了高清数字电视的试播。从此，高清数字电视机开始出现在我国市场。之后，国内各厂家纷纷生产高清数字彩电。但由于标准迟迟未能出台，所以我国市场的高清数字电视机虽种类繁多，但达到标准的却不多。

我国电视行业标准 GY/T 155 - 2000 中采用的高清电视格式全称是 1125/50/2：1，可以简称为 1080/50i。有效像素 1920×1080，隔行扫描，扫描频率为 50 场。高清数字电视向下能兼容标清电视，其屏幕的宽高比应为 16：9。

2008 年，我国正式用高清数字电视转播北京奥运会，这使高清数字彩电开始畅销。目前，市场较畅销的国产高清数字彩电有海信、康佳（见彩图 18）、长虹、TCL、海尔等几个品牌。

第十一章 无线电元器件的发展进程

一、无线电基本元件

无线电基本元件是电阻、电容、电感和变压器。

1. 电阻

电阻一般按其制作材料分类。最早的电阻是合成电阻，精度低、误差大，后被碳膜电阻和金属膜电阻所取代。碳膜电阻精度高，金属膜电阻不但精度高，且承受功率高。总体来讲，电阻元件是逐步向精确、小型、能承受高功率的方向发展。

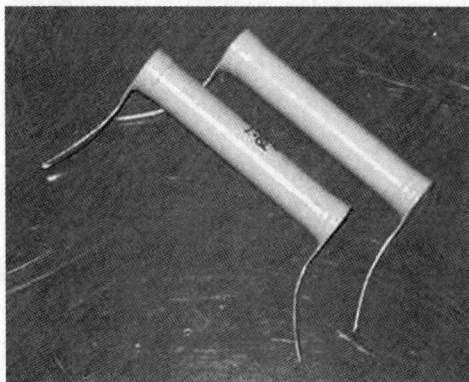

旧式碳膜电阻   新式金属膜电阻

2. 电容

电容一般按介质来分类。主要有纸介电容、金属化纸电容、云母电容、陶瓷电容、涤纶电容、金属化涤纶电容、薄膜电容（聚乙酯、聚丙烯、聚苯乙烯或碳酸酯等塑料薄膜）、金属化薄膜电容、钽电容及电解质电容等。电容是向容量大、耐压高、体积小、精确度高和温度系数小的方向发展。

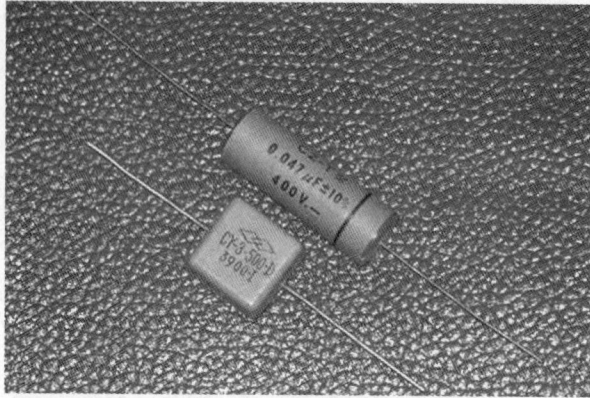

旧式纸介电容（右上）和云母电容（左下）

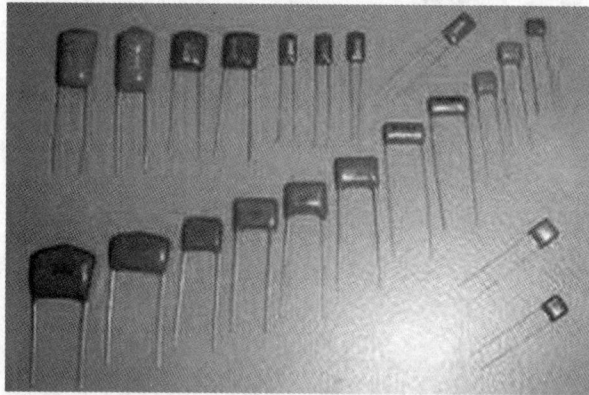

新式薄膜电容和金属化薄膜电容

3. 电感

电感多指高频电感线圈。旧式电感线圈多为空心的，新式电感线圈多为铁氧体芯的。铁氧体芯的线圈体积小，损耗小（Q 值高）。

旧式空心电感线圈

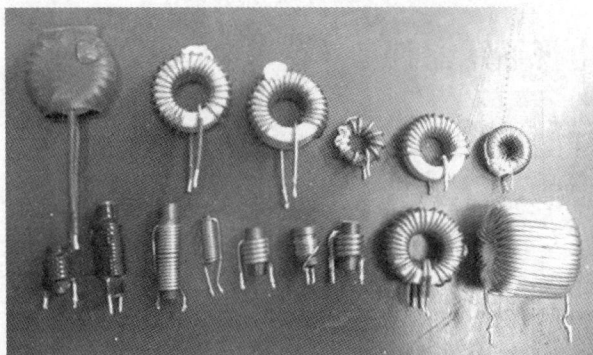

新式铁氧体芯电感线圈

4. 变压器

　　变压器泛指有铁芯的电源变压器和低频（音频）变压器。它们的改进主要是铁芯的改进。原来变压器的铁芯都用硅钢（矽钢）片，其体积大、损耗大、效率低。现在变压器的铁芯都用坡莫合金及非晶合金，这种变压器体积小、损耗小、效率高。

旧式电源变压器

新式电源变压器

旧式音频变压器

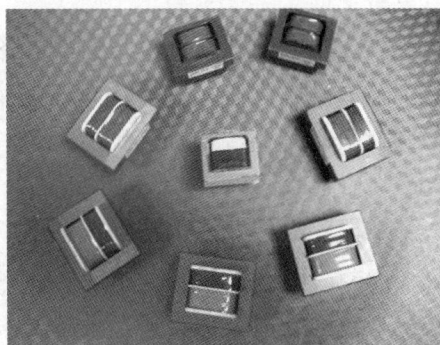

新式音频变压器

二、广播电视通用器件

广播电视的通用器件是放大器件，它们逐步由真空向固态发展，即由电子管过渡到半导体管再过渡到集成电路。

1. 电子管

●电子管的发明和进化

【二极管】

1883 年，美国发明家爱迪生发现了发热的金属会发射电荷，此现象被称为"爱迪生效应"。在此基础上，1904 年，英国发明家弗莱明（1849～1945）发明了真空二极电子管。

英国发明家弗莱明（左）和他发明的二极管（右）

【三极管】

1906 年，美国发明家德福雷斯特（1873～1961）将真空二极管改造成三极管，并于 1912 年发现了三极管的放大和振荡作用。至此，电子管才有了广泛的实用价值，电子管也因此得到了迅速发展。为此，德福雷斯特获得"电子管之父"的美誉。

【多极管】

1919 年，日本人安藤博和美国人哈尔研制出四极管。1937 年，英国人朗德研制出五极管。自此电子管的功能和应用大为开拓。之后，又根据需要研制出七极管、孪生管（将两个相同的电子管合装在一个管壳内）、复合管（将两个以上的不同电子管合装在一个壳内）等多种形式、多种用途的电子管。

美国发明家德福雷斯特（左）和他发明的三极管（右）

多极管的内部结构

● **电子管的分类**

电子管按其用途可分为收信管和发射管。

【**收信管**】

收信管用于收讯机及收音机，其功率小、体积小，可工作于自然环境而无需强制冷却。常见的收信管有两大类：一类是苏联产的小七脚、小九脚花生式电子管，通称苏式管，其大小如拇指，故也称拇指管；另一类是欧美产的大八脚 GT 式电子管，通称欧美式管，因其状如花瓶或圆筒，故也称瓶状管。瓶状管的体积比花生管大一些。

各种苏式花生管

各种欧美式 GT 管

【发射管】

发射管用于发射机，其功率大、体积大，工作时多需要进行强制冷却。根据功率等级不同，冷却方式也不同。通常按其冷却方式分为自然冷却式、强制风冷式、强制水冷式、蒸发冷却式及超蒸发冷却式等数种。

自然冷却式发射管

强制风冷式发射管

20世纪60年代，强制水冷式因冷却效率低而停用，都改成蒸发冷却式及超蒸发冷却式。冷却方式不同，发射管的体积、形状也不同，旧式的水冷管可高达上百厘米，新式的蒸发冷却管也高达数十厘米，而小功率自然冷却式发射管基本与收信管相似，只是体积稍大。

蒸发冷却式发射管　　　　　　　　　超蒸发冷却式发射管

● 我国电子管生产状况

【我国最早装配的收信、发射电子管】

1935年，南京电气研究室利用国外部件组装出中国首批收信放大管和发射管。但之后发展缓慢，到新中国成立之初，我国的电子管工业仍十分薄弱。

【我国自己生产的收信电子管】

1951年2月，在南京电气研究室的基础上成立了南京电子管厂，投产欧美式大八脚GT收信管。

1956年10月，又新建了北京电子管厂，生产苏式小七脚、小九脚花生式收信管。至此，我国结束了收信管靠进口的历史。

20世纪80年代以后，半导体管广泛应用。由于市场对收信电子管的需求量已很少，所以我国基本停止了收信电子管的生产。

南京电子管厂生产的GT式收音机电子管

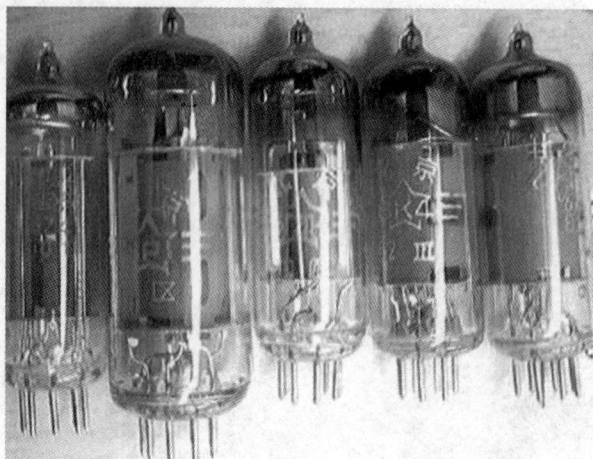

北京电子管厂生产的花生式收音机电子管

【我国自己生产的发射电子管】

1956 年，北京电子管厂开始生产 10kW 玻璃结构风冷纯钨阴极中功率三极发射管。1959 年以后，国内先后成立了华东、曙光、旭光及宜昌等近二十个电子管厂。1965 年，北京电子管厂又生产出我国自行研制的第一只 FU–104Z 金属陶瓷大功率发射管。

国产 10kW 玻璃结构风冷发射管

国产 FU–104Z 金属陶瓷发射管

【我国发射管的生产现状】

改革开放以后，各电子管厂优化组合成大型电子集团股份有限公司。21 世纪初，我国从事真空电子行业研制及生产的单位已有 200 余家，产品有 2000 多种型号，广播电视行业所需的各类电子管均能生产。

各式各样的发射管

2. 半导体

●半导体放大器件的发明

1947 年 12 月 23 日，美国贝尔实验室的科学家肖克莱、布莱顿和巴丁，发明了世界上第一只半导体放大器件——半导体三极管。

肖克莱

布莱顿

巴丁

1947 年的半导体三极管

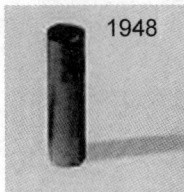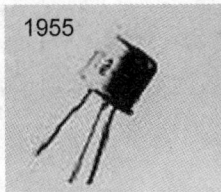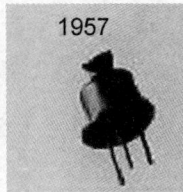

早期的半导体管

肖克莱、布莱顿和巴丁在实验室工作

● 我国半导体管产业的发展

【我国第一只半导体管】

1956 年 11 月，中国第一只点接触锗合金半导体管在中科院应用物理所研制成功。1957 年，北京电子管厂拉出了单晶锗，并研制出以锗晶体为基体的半导体二极管和三极管。

【我国早期生产的半导体管】

20 世纪 60 年代初，以北京电子管厂为代表的十几个厂家开始生产半导体器件。

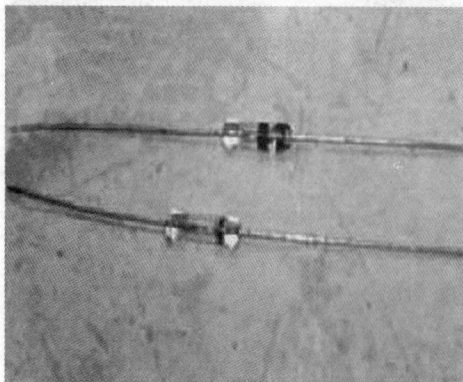

点触式二极管

面触式二极管

小功率三极管

大功率三极管

【我国半导体管的生产现状】

目前，我国生产半导体器件的厂家已有数十家，能生产各种类型、各种规格的半导体器件。

国产各种半导体二极管

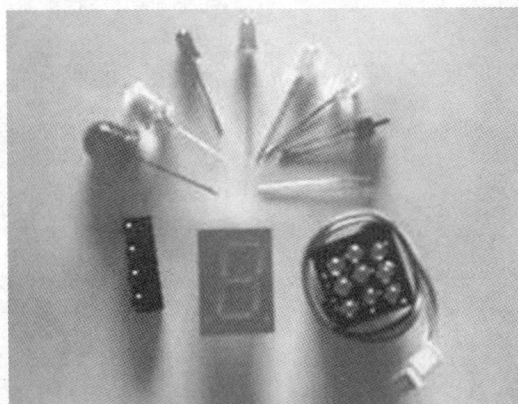

国产各类特种性能的半导体二极管

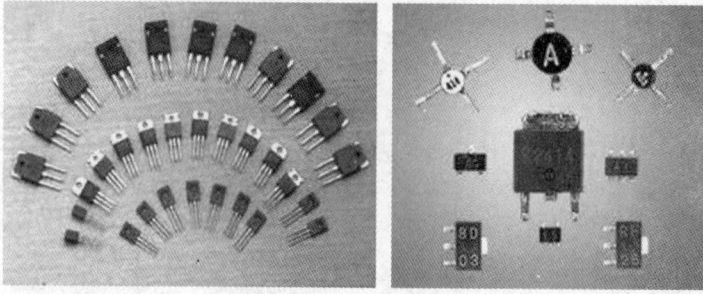

国产各种半导体三极管

3. 集成电路

●集成电路的发明

1952 年，英国科学家达默首次提出把电路中的半导体管和元件集合在同一晶片而构成具有预定功能的集成电路的设想。1958 年 9 月，美国德克萨斯仪器公司的工程师杰克·基尔比（1923～2005）制作出世界上第一块集成电路（IC）。1959 年 2 月 6 日，基尔比向美国专利局申报了专利。

杰克·基尔比

杰克·基尔比发明的第一块集成电路

1959 年 7 月 30 日，仙童（Fairchild）半导体公司的罗伯特·诺依斯与他的同伴

罗伯特·诺依斯

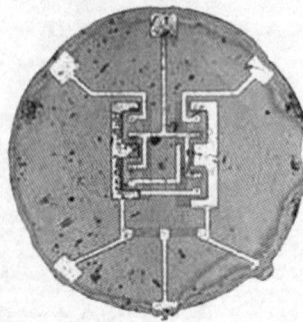

罗伯特·诺依斯与同伴们在 1959 年发明的集成电路

们采用先进的平面处理技术研制出集成电路，并提出了适合于工业生产的集成电路理论，也申请到一项发明专利。

● **集成电路的种类**

集成电路包含电路单元的多少称规模。集成电路规模的大小按其芯片上所含逻辑电路或半导体管的数量来划分。通常将单块芯片上含 10 个门电路或 100 个半导体管的称为小规模集成电路（SSI），之后所含数量每增加十倍规模上升一个等级，依次称中（MSI）、大（LSI）、超大（VLSI）、特大（ULSI）规模集成电路。中、小规模集成电路出现于 20 世纪 60 年代，大规模集成电路出现在 70 年代，超大规模集成电路出现在 80 年代。

目前出现的特大规模集成电路，可在不到 50mm^2 的硅芯片上集成 200 万只以上的半导体管。不久的将来，单块芯片上集成 10 亿个以上元件的甚大（GSI）规模集成电路也将面世。

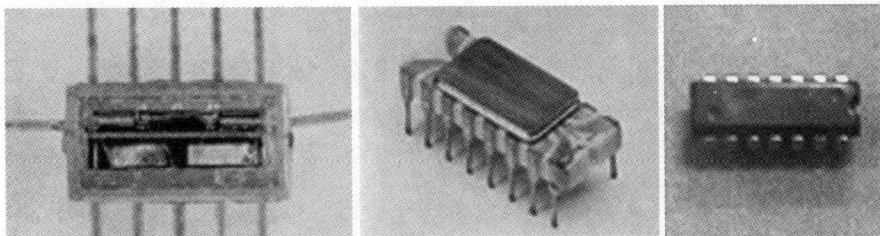

早期的小规模集成电路

中规模集成电路（左上）、大规模集成电路（左下）和超大规模集成电路（右）

● **摩尔定律**

集成电路技术发展迅速，日新月异。自 20 世纪 70 年代以来，它一直遵循美国英特尔公司创始人戈登·摩尔于 1965 年发现的摩尔定律规律发展，即每两年集成电路的集成度增加一倍，而成本降低一半。

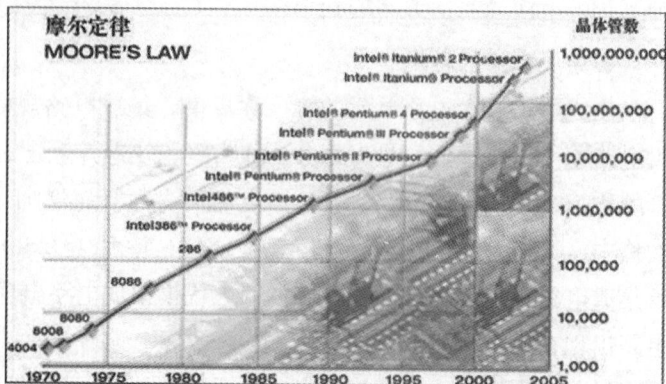

英特尔公司创始人戈登·摩尔及摩尔定律图示

● **我国集成电路的生产情况**

1961 年 12 月，北京中关村中国科学院物理所研制成功我国第一块集成电路。到 1965 年，北京电子管厂已能批量生产集成电路。1980 年，随着彩电生产技术的引进，我国开始引进集成电路生产线。我国第一家引进日本集成电路生产线的是无锡国营 742 厂。

2002 年 4 月，北京市国有资产经营公司代表市政府投资成立了北京集成电路设计园，成为国家集成电路设计产业化基地之一。目前，我国在北京、上海、深圳等地已建成多条超大规模集成电路生产线。

我国集成电路的生产技术基本与国际先进水平同步，但研发方面还与国际先进水平有较大差距。如 2002 年中国科学院计算技术研究所研制成功的我国第一款商品化通用高性能 CPU（中央处理器）芯片"龙芯 1 号"，在总体上就达到了 1997 年前后的国际先进水平。

国产超大规模集成电路   中国科学院研制的"龙芯 1 号"

附：电路组装技术的进步

●印刷电路的发明

1943年2月，英国奥地利籍工程师艾斯勒发明了印刷电路制造技术。所谓印刷电路，就是在装配绝缘基板上通过化学方法敷铜，然后用锈蚀的方法将多余的铜层去掉而留下接线部分，之后在接线端头打孔装配元件。最初印刷电路板是单面的（见彩图19），之后发展到双面的。在半导体元件特别是集成电路兴起之后，该项技术才得到快速发展。

1961年，美国开发出多层印刷板技术。1963年日本涉足此领域后，将其推广和发展。随着超大规模集成电路的应用及电子零件向小型、高集积化进展，印刷电路也向多层和薄型发展。1980年以后，多达数十层而厚度不足1mm的薄多层印刷板得到普及。2002年，日本电装公司已能生产一次冲压成型层叠50层的印刷电路。

到2008年，我国较有规模的生产印刷电路板的公司就有近百家，能生产各种类型的高精密度多层印刷电路板。

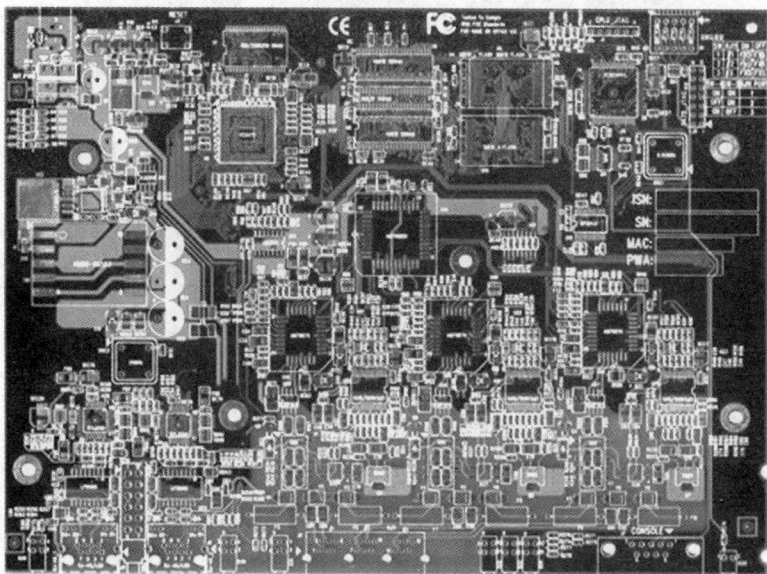

国产多层印刷电路板

●装配技术的进步

电子管兴盛时代，无线电设备的安装都采用分立件布线式装配技术，体积庞大而笨重（见彩图20和彩图21）。随着半导体器件的发明，印刷电路开始被采用，出现了半导体分立件印刷电路装配技术，它使设备的占空量大为减少，如原来采用电子管的几间房大的电子计算机可压缩到不足$1m^3$的空间。而集成电路的出现，又进一步促进了印刷电路技术的发展。目前，集成电路与印刷电路的完美结合，使极为复杂的电子设备，达到了超小型乃至微型的程度。

电子管分立件装配图

半导体管分立件装配电路

集成电路装配电路

三、广播电视专用器件

广播电视的专用器件是声电转换器件和光电转换器件。

1. 声电转换器件

声电转换器件主要是话筒和扬声器。话筒和扬声器的种类繁多，它们都是逐步向高灵敏、高性能及高转换效率的方向发展。

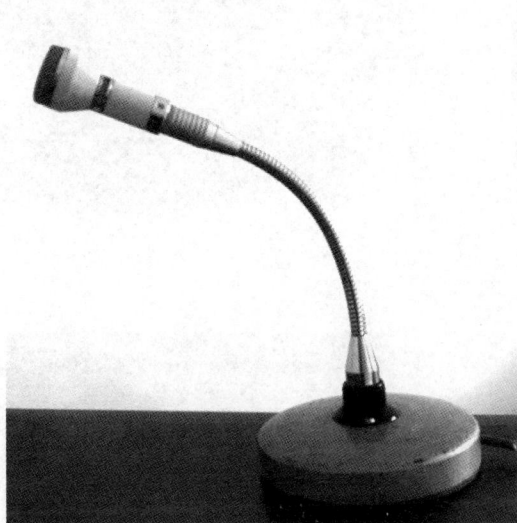

旧式话筒

新式话筒

旧式扬声器

新式扬声器

2. 光电转换器件

光电转换器件主要是摄像元件和显像元件。它们也都是逐步向高灵敏、高性能和高转换效率的方向发展。显像元件（显示器）下节还要专门介绍。

旧式光电摄像管

新式光电转换元件 CCD

传统阴极射线显像管

新式平板显示器

3. 显示器

显示器品种繁多，但基本上可以分成阴极射线管显示器（CRT）和平板显示器两大类。平板显示器又包括液晶（LCD）、等离子体（简称等离子）（PDP）、场致发光（FED）、电致发光（ELD）、有机电致发光（OELD）、真空荧光（VFD）、发光二极管（LED）及有机发光二极管（OLED）等多个种类。其中液晶、等离子及发光二极管等显示器为多见。显示器的"进化"带动了电视接收机的发展。

●阴极射线管显示器

【世界阴极射线管显示器的发展状况】

1897 年，德国科学家卡尔·费迪南德·布劳恩（1850 ~ 1918）发明了阴极射线管，即电子显像管。他是电视阴极射线管显示器的鼻祖。

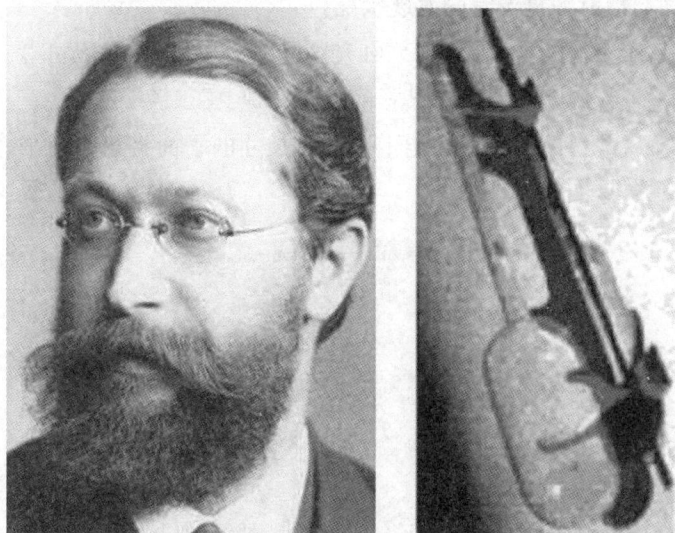

德国科学家布劳恩（左）和他发明的阴极射线管（右）

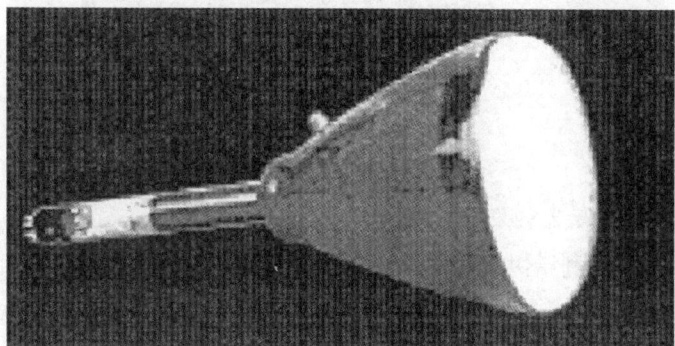

早期的电子显像管

　　1938 年，德国人弗莱彻西格提出三枪三束彩色显像管的设想。1949 年，美国的 H·洛研制出世界上第一只三枪三束荫罩式彩色显像管。此后，美国的洛伦期又发明了单枪式彩色显像管。1950 年 3 月 29 日，美国无线电公司做了彩色电视显像管的展示。从此，彩色电视显像管开始产品化。1972 年，美国研制成功自动校正会聚误差的彩色显像管。至此，彩色电视的发展进入成熟期。

　　彩色电视显像管经过球面显像管、平面直角显像管、超平显像管、柱面显像管及纯平显像管等一系列演化，性能逐步完善，实现了真正的平面，最大限度地减少了图像畸变，色彩饱和度和对比度都十分理想。但阴极射线管所共有的体积大、较笨重、电压高、耗能大及有 X 射线等仍是其致命的弱点。自 2003 年开始，日本就压缩或停止本土电视阴极射线显像管的生产。今后，随着市场需求的急剧减少，阴极射线显像管会逐步退出历史舞台。

【我国电视阴极射线显像管的发展状况】

我国第一只 35cm 黑白显像管（"红光牌" 35SX）诞生在 1958 年，生产厂家为成都国营红光电子管厂。我国第一只彩色显像管诞生在 1978 年，生产厂家为陕西彩虹彩色显像管总厂。目前，我国已能生产各种尺寸的平面直角、超平、柱面及纯平等各种类型的彩色显像管。

中国第一只彩色显像管

●平板显示器

【等离子显示器】

◆世界等离子显示器的发展状况

1964 年，美国伊利诺伊大学就研制成功等离子单色显示器，1993 年才实现了从单色灰度显示到全彩色显示的历史性跨越。等离子显示器是利用两块玻璃基板之间惰性气体放电产生紫外线激发平板内各个独立的红、绿、蓝荧光粉，使之发光而呈现各种彩色影像。因其显示过程中没有电子束运动，不需借助于电磁场，所以它不受外界电磁场的干扰。其优点是不会因观看角度变化而使颜色失真，且分辨率高、对比度好、色彩鲜艳明亮。此外其厚度极薄、占空极小、重量很轻，可供壁挂式电视使用。其缺点是发光激励消失后，图像会出现短暂残存，即所谓"烙印"现象。其寿命低于液晶显示器。

◆我国等离子显示器的发展状况

2002 年 7 月，我国第一条全自动化等离子彩色显示器生产线在天津新技术产业园区建成投产。到 2004 年，我国不仅掌握了具有自主知识产权的荫罩式等离子体显示技术，而且研制成功 34 英寸高清晰、全彩色、荫罩式等离子体平板显示器。目前，我国研制的等离子彩色显示器用的荧光粉及浆料已达到国际先进水平。因各类平板显示器用的三基色荧光体大多为稀土发光材料，而我国稀土资源丰富，所以有关部门正在积极开发研制，争取早日使之实用化。

【液晶显示器】

◆世界液晶显示器的发展状况

1968 年，美国无线电公司正式推出液晶显示器技术。液晶显示器是利用液状晶体在电压的作用下发光的原理制成。液状晶体有红、绿、蓝三种颜色，它们按一定的顺序排列，通过电压来刺激，以适当的比例搭配，便可呈现彩色。液晶显示器有扭曲向列型（TN）、超扭曲向列型（STN）、双层超扭曲向列型（DSTN）及薄膜晶体管型（TFT）之分。目前最先进的是薄膜晶体管液晶显示器（TFT－LCD）。其特点是高清晰、高亮度、宽视角，画质细腻、影像逼真，且厚度薄、重量轻、耗电省、无闪烁、无辐射，寿命可长达 60000 小时以上。其缺点是侧面观看图像会变暗或失真。

◆我国液晶显示器的发展状况

我国 LCD 产业起步于 20 世纪 80 年代初。1998 年，我国从事液晶产业的企事业单位约 100 家。目前我国已成为世界上最大的扭曲向列液晶显示器生产国，其产量占世界总产量的一半以上，80% 以上的产品都出口。

●**LED 显示屏**

◆世界 LED 显示屏的发展状况

LED 就是发光二极管，用发光二极管组成的显示屏称 LED 显示屏。

1970 年，红、黄、绿三色低发光效率的 LED 已开始应用于指示灯、数字和文字显示。由于 LED 的亮度高、工作电压低、功耗小，且性能稳定、寿命长，所以得到使用者的好评。为此，几十年来，LED 产业发展迅速。目前，发光均匀、高亮度、全色化、高可靠性的各类 LED 产品相继问世。LED 显示屏不仅可用于室内，还可用于室外，尤其室外环境更能发挥其优势。LED 显示屏的画面色彩鲜艳、立体感强，为此被广泛地应用于广告和宣传领域。

2004 年，美国赌城拉斯维加斯弗雷蒙特街的巨型天幕上的霓虹灯更新成发光二极管。这是国外最大尺寸的彩色电子显示屏，其长 400m，宽 20m（见彩图 22）。

◆我国 LED 显示屏的发展状况

我国发展 LED 起步于 20 世纪 70 年代，80 年代开始出现 LED 产业，不过当时都是从国外进口管芯，我们只从事后道封装生产。经过几个"五年计划"的技术改造、技术攻关及引进国外先进设备和部分关键技术，我国的 LED 生产技术有了跨越性的进展。

2003 年，我国启动了"国家半导体照明工程"。国家"863"计划对相关企业及研究机构投入相应的资金，在短短几年内，就使中国成为世界最大的 LED 产品的生产供应国，生产技术也基本与世界同步。从事 LED 产品生产的国内知名公司就有数十家。

　　我国应用 LED 显示屏做户外广告已很普遍，而用巨型 LED 显示屏的工程目前有两处：一处是北京"世贸天阶"的大屏幕（见彩图 23），建于 2006 年，其长 250m，宽 30m，居亚洲之首；另一处是苏州"圆融时代广场"的巨型天幕，建于 2008 年，其长约 500m，宽 32m，为世界之冠。

安装在楼体上的户外大型 LED 广告显示屏

第二篇

我国广播电视事业发展简介

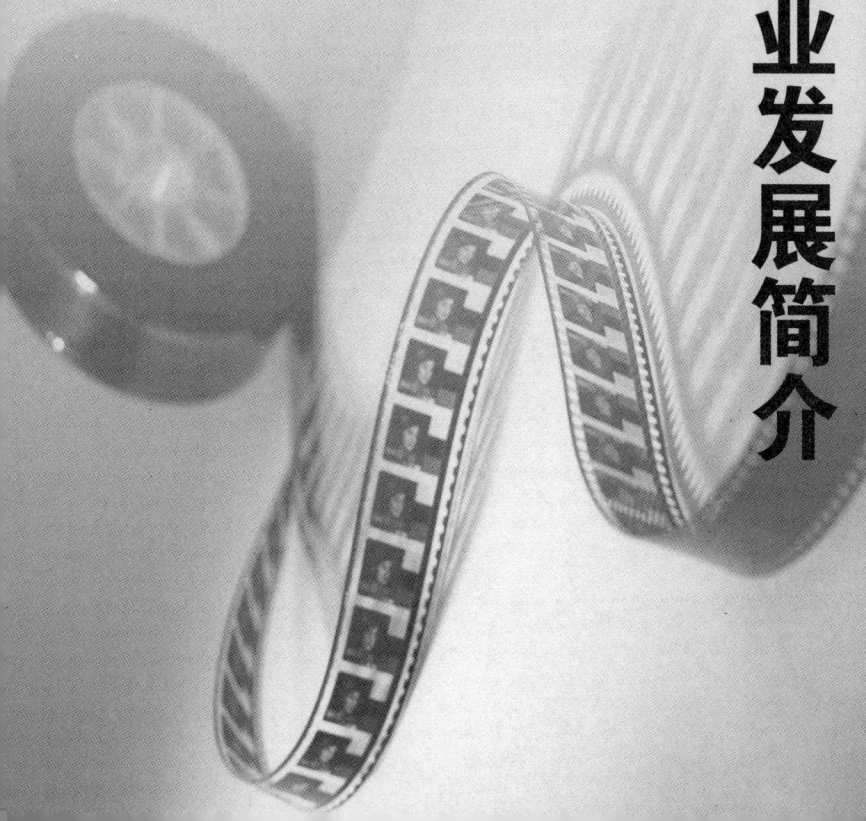

第一章　中国的广播事业

一、历史回顾

1. 中国第一座广播电台

1923 年 1 月 23 日，美国商人 E·G·奥斯邦在上海创办了中国第一座民办广播电台。呼号是 XRO，发射功率 50W，频率 1500kHz。孙中山先生的《和平统一宣言》曾在此台播出。1923 年 3 月 14 日，该台因触犯当时北洋政府颁布的《电讯条例》而被取缔。

中国第一座民办广播电台(XRO)旧址(上海广东路 3 号大来洋行)

XRO 广播电台播音室内录音实况

2. 中国人自己办的第一座广播电台

1926 年 10 月 1 日，东三省无线电哈尔滨分台台长、无线电专家刘瀚（1891 ~ 1941），创立了中国人自己办的第一座广播电台——哈尔滨广播无线电台。当日开始播音，呼号是 XOH，功率 100W，频率 1071kHz。1932 年 2 月 5 日，该台因日本侵占哈尔滨而停止播音。

哈尔滨广播无线电台的创建人刘瀚

哈尔滨广播无线电台台址

3. 中国共产党领导的第一座地方人民广播电台

1945 年 8 月 15 日，日本宣布无条件投降。8 月 20 日，苏联红军进驻哈尔滨。第二天，在接收日伪哈尔滨中央放送局的基础上成立了由中国共产党领导的第一座地方人民广播电台——哈尔滨广播电台，当日便开始播音。

　　1946 年 4 月，苏军撤出哈尔滨。为防止国民党政府接收，哈尔滨广播电台于 5 月 28 日停止播出，并将设备拆迁至佳木斯，改名为东北新华广播电台。该台于 9 月 23 日播出，呼号是 XNMR，功率 1kW，频率 972kHz。

1945 年哈尔滨广播电台台址

东北新华广播电台的工作人员在抄收新闻稿

东北新华广播电台的播音员在播音

二、创业维艰

1. 中国共产党创建的第一座人民广播电台

1940 年春，周恩来从苏联养病后回国，带回第三国际援助的一台苏制报话机。自此，时居延安的中共中央决定筹建广播电台。台址选在延安西北 19 公里的山村王皮湾。

延安新华广播电台的诞生地——王皮湾

播音室和发射机房分别设在半山腰的两孔窑洞内。发射机用上述苏制报话机改制而成，天线用三棵树干绑接起来支撑，动力则用烧木炭产生的煤气来带动发电机。播音室内有一个白茬木桌、一个板凳。播音设备只有一只话筒和一台破旧的手摇电唱机。墙壁和门窗上挂着土制的毛毡做隔音设施。

延安新华广播电台最早的播音室窑洞旧址（左）和播音室内的景况（展品资料）（右）

延安新华广播电台动力间及发射机房旧址（左）和发射机房旧址的题词（右）

1940年12月30日，中国人民自己的第一座广播电台——延安新华广播电台正式播音，呼号是XNCR，功率300W，频率6MHz。1943年3月，该台因发射机电子管损坏无法补充而中断播音。

1945年8月15日，日本投降。中共中央决定恢复延安新华广播电台。并将台址迁到延安西北10公里的盐店子。1945年9月5日正式恢复播出，呼号仍是XNCR。

延安新华广播电台的发射机（该机1956年被誉名为"人民广播功臣"机）

在1947年3月至1949年3月的两年时间内，因战事和形势变化，延安新华广播电台进行了四次转移。第一次是1947年3月14日，由盐店子转移到延安瓦窑堡境内的好坪沟战备台。第二次是1947年3月28日，由好坪沟转移到河北省涉县的沙河村。第三次是1948年5月23日，由沙河村转移到河北省西柏坡附近的张胡庄。第四次是1949年3月25日，由张胡庄进北京。

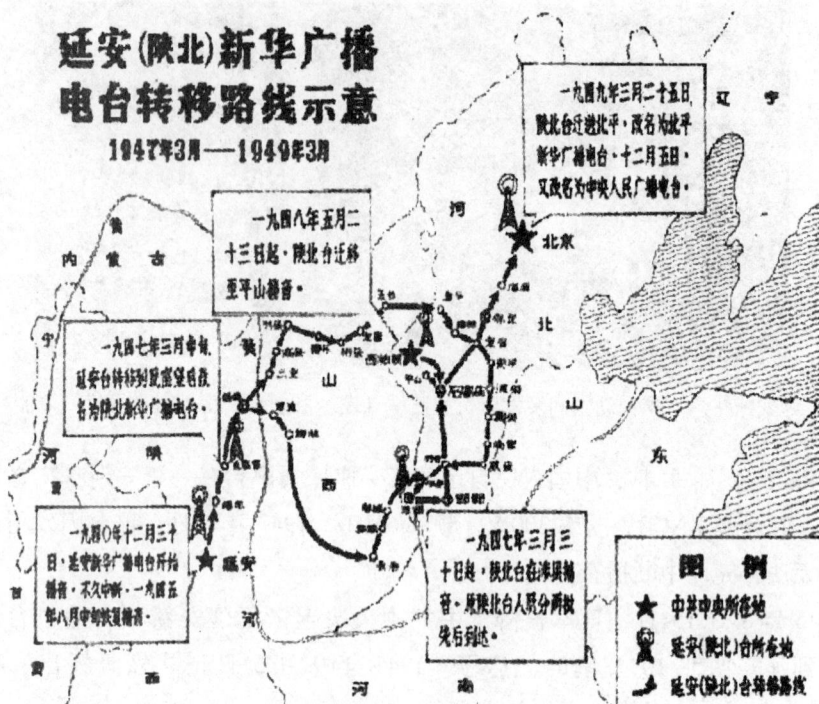

延安新华广播电台四次转移的路线图

其中好坪沟战备台是广播史上条件最艰苦的电台，它建在村口一座两层门楼中，下层做发射机房，上层的小观音庙做播音室。它也是广播史上存在时间最短的台址，只有 14 天，却为中国共产党的革命事业立下了卓著功勋。

好坪沟战备台的机房和播音室

延安新华广播电台在涉县　　　　　延安新华广播电台在涉县
沙河村的播音室旧址　　　　　　　沙河村的发射机房旧址

　　1949 年 9 月 27 日，随北平定都并改名北京，延安新华广播电台改名为北京新华广播电台。

北京新华广播电台（左）及 北京新华广播电台的播音员
在播音（右）（播音者为我国著名播音艺术家齐越）

2. 中央人民广播电台

　　1949 年 12 月 5 日，北京新华广播电台正式定名为中央人民广播电台。建台之初，台址在西长安街 3 号。20 世纪 50 年代初迁入复兴门外粉楼（现真武庙 2 条老 302 楼——已拆迁）。后来迁入 1958 年建成的广播大厦（该大厦 1953 年秋开始设计、1955 年 12 月动工、1958 年年底完成），1998 年又迁入新建成的中央人民广播电台大楼。

1950 年中央人民广播电台的旧址——西长安街 3 号

1958 年建成的广播大厦

1998 年 6 月启用的中央人民广播电台大楼

三、发展壮大

新中国成立后，我国广播覆盖曾采取过五种技术政策，即：建收音网、建有线广播网、建大功率中波台、搞中波小点多布及建调频广播网。

1. 建收音网

1950年4月，国家新闻总署发布了关于建立广播收音网的决定。要求各单位建立收音站，固定专人做收音员收听广播，然后根据广播内容进行口头宣传或出板报、印小报。在当时，收音站是将广播向大众宣传的最好形式。

20世纪50年代城市收音员在组织群众收听广播

20世纪50年代基层收音员肩背收音设备下乡

2. 建有线广播网

1951 年 12 月，中央广播事业局提出要有重点地在有电源的中小城市推广有线广播。根据这一方针，1952 年 4 月，吉林省九台县建立了全国第一座有线广播站。

1952 年吉林省九台县建成全国第一座有线广播站

20 世纪 50 年代农民在收听有线广播的场景

1955 年 10 月 11 日，在中国共产党的七届六中全会上，毛泽东主席提出"发展农村广播网的要求"，1956 年 1 月，中共中央颁布的《全国农业发展纲要》第 32 条又规定："从一九五六年起，按照各地情况，分别在七年或者十二年内，基本上普及农村广播网。"

为此，从 1955 年 12 月第三次全国广播工作会议到 1966 年 3 月第九次全国广播工作会议，每次会议都强调要积极发展农村有线广播。即使在文化大革命动乱时期，有线广播的发展也从未停止。在当时的农村和乡镇，有线广播是对民众宣传的一种很好形式。

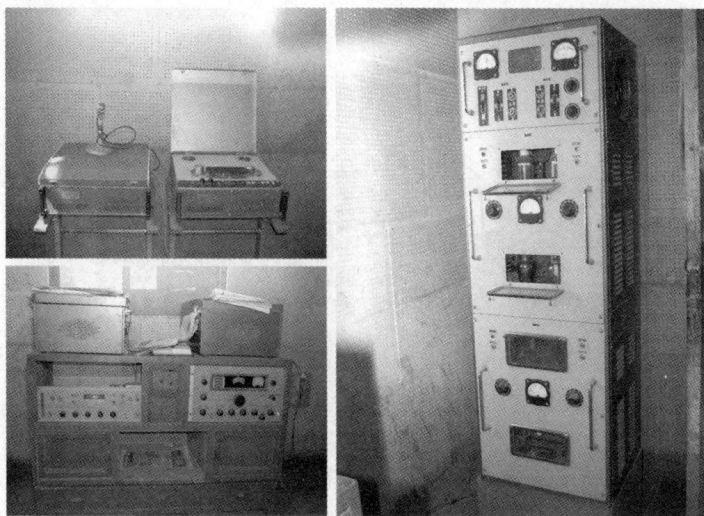

某县有线广播站时期用的录播设备（左上）、收转设备（左下）和扩大机（右）

20世纪80年代后期，由于电视的兴起和传媒手段的逐渐多样化，有线广播的形式逐渐退出历史舞台。

3. 建大功率台

1955年12月，在第三次全国广播工作会议上提出中波"大功率、天波大面积覆盖"的技术政策。在此之前的1954年4月，中央广播事业局就在北京西南郊建成了我国第一座大功率中波发射台。该台是苏联对中国152个援建项目中的第12号工程，台内的技术设备全由苏联提供。

1956年12月，周恩来总理又批准在云南昆明建立一座我国自行设计安装、全部采用国产设备的1000kW中波广播发射台。在当时，该台是世界上功率最大的发射台之一。

中央广播事业局在北京西南郊建成的大功率中波发射台某机房外景

中央广播事业局在昆明建立的大功率中波发射台机房外景

在中央广播事业局正式提出中波大功率覆盖政策之后，地方也开始建大功率中波台。如1956年12月，吉林省广播电台就自行设计安装了150kW自动屏调大功率发射机，成为国内省级电台最早使用大功率发射机和第一个采用自动屏调技术的电台。此后，各省、市、自治区相继建立大功率中波发射台（见彩图24和彩图25），所用发射机也大部分为仿苏机型的150kW自动屏调机。

4. 搞中波小点多布

20世纪60年代以后，人们逐渐认识到建大功率中波台并不能有效地扩大中波覆盖。因中波主要靠地波传播，覆盖范围呈圆形。各省建的大功率中波台多在省会所在地，而各省辖区又不恰好呈圆形，且省会也不恰好在圆心，所以各省台的服务范围很多都落在邻省而自己省内却有很大的盲区。如为覆盖全省而扩大各省级中波台的功率的话，则不但会加大投资，而且还会对邻省造成干扰。同样，中央也不可能在全国各地都建大功率中波台。基于此，1973年9月，中央广播事业局在全国广播规划座谈会上确定了"中波广播采取大、中、小功率相结合，以中、小功率为主，地波覆盖，同步广播"的技术政策。此即中波的小功率多布点的技术政策，简称"小点多布"。

中波广播的频段为526.5kHz~1606.5kHz，按每个中波台加保护率所占带宽为9kHz计算，中波段只能设120个台。若全国搞中波小点多布，所建台数势必远远超过此数。为节省频率资源，避免相互干扰，就必须搞同步广播。

所谓同步广播，就是参与同步广播的各发射机必须使用中波广播同步激励器，用它们来控制各发射机之间的频率、相位与所播节目内容保持严格一致，以保证各发射机之间相互不发生干扰。

20世纪70年代中期，全国各省、区开始建中波小功率同步广播网。1978年11月23日早晨8点，全国中波同步广播网同时启动，进入同步工作状态。

中波同步广播一直持续至今。

建设小功率中波发射台时架设天线的场景

20 世纪 70 年代中期建成的中波小功率发射台

早期使用的中波广播同步激励器

5. 建调频广播网

●国内最早的调频广播实验

中央广播事业局广播科研所早在 1958 年就提出在国内要实施调频广播的建议。1959 年，该所与北京广播器材厂合作，试制出中国第一部专用于广播的调频广播发射机，并在北京建了试验台进行实验。1963 年 11 月，中央广播事业局在天津召开调频广播网中间实验会议，会上正式提出要进行调频广播网的实验。后经国家科委同意并拨给经费，决定由山东广播局负责在泰山山顶上进行此项实验。

1966 年 6 月，山东泰山山顶上的调频广播实验成功。1968 年 8 月，中央广播事业局在济南召开"总结调频中间实验经验座谈会"，会上决定用调频做远距离传输节目的手段。之后便建成了北京——黄山、北京——哈尔滨、北京——秦岭三条调频线路，承担传送中央人民广播电台节目的任务，同时兼作广播覆盖。

1974年10月，中央人民广播电台的调频广播开始正式播音。

调频是直线传播，远距离传输必须采用接力方式。为减少接力站点，调频台多建在高山顶上，这又导致起始投资巨大、日常维护经费增加。加之当时能接收调频广播的收音机还很罕见，所以建全国调频广播覆盖网的方案没能被推广。

建在高山顶上做节目传输用的调频广播发射台

● 调频立体声广播

1979年12月，中央广播事业局在哈尔滨鉴定了黑龙江省广播电台研制的立体声调制器，这标志着我国调频广播开始进入立体声阶段。1980年12月，全国最早的调频立体声电台——广东人民广播电台调频立体声台——正式播音。

1983年3月，在北京召开了第十一次全国广播电视工作会议。此次会议确定了四级办广播电视的方针，并决定把调频广播作为对内广播的主要覆盖手段。同年5月，中央广播事业局决定我国调频立体声广播的制式采用导频制。

1985年2月，中央人民广播电台第三套节目用调频立体声播出。之后，各省、市、自治区广播电台相继开办了调频立体声广播。

● 建调频广播网

20世纪90年代，中央台和各省级台的广播电视节目上了卫星，这就方便了节目信号的传输。加之能接收调频广播的收音机空前普及，所以我国的调频广播得以快速发展。当时，全国县级以上的城市纷纷建立调频转播台（见彩图26和彩图27），形成了一个覆盖面不亚于中波广播网的调频广播覆盖网。

据有关部门统计，截止到2008年，全国共有中、短波发射台800余座，中、短波发射机近2600部，发射总功率约为95800kW；调频发射、转播台共12000余座（其中100W以上的发射、转播台近3000座），调频发射机近18900部，发射总功率超过8000kW。全国广播综合人口覆盖率近96%，其中无线广播人口覆盖率近93%。

第二章　中国的电视事业

一、创业之路

1. 中国第一座电视台

1954 年，毛泽东主席就提出中国要办电视。

1955 年 2 月 5 日，中央广播事业局向国务院写了关于在北京建立电视台的报告，2 月 12 日便得到周恩来总理的批示，将其列入文教五年计划讨论。

1956 年，我国的高等院校开办了电视专业课程，开始了电视科研工作。

1957 年 8 月，中央广播事业局成立电视实验台筹备机构，并决定由北京广播器材厂承担研制电视发射机和电视播控设备的任务。

1957 年 12 月，中央广播事业局派电视代表团赴苏联和德意志民主共和国进行考察，1958 年 3 月返回北京，为建立电视台做了业务上的准备。

1958 年年初，北京广播器材厂试制成功 1kW 图像发射机 1 部，500W 伴音发射机 1 部，播送室低周控制设备 1 套，摄像机 7 台，为电视台的建立做了物质上的准备。

我国第一座电视台的诞生地——广播大厦

北京电视台正式播出场景
（播音者为中央电视台第一任播音员沈力）

1958 年 5 月 1 日，在北京复兴门外尚未完工的广播大厦 4 楼一个 60m² 的简陋演播室中，我国第一座电视台——北京电视台——进行了实验性播出。发射机房设在广播大厦 10 楼，发射机为 2 频道 1kW 黑白双通道电视发射机，采用四层蝙蝠翼天线，架设在广播大厦塔楼顶部桅杆上，中心标高 80m，覆盖半径约 25 公里。当时，北京市内只有 30 多台黑白电视接收机。

1958 年 9 月 2 日，北京电视台开始正式播出。

继北京电视台开播后，一些大城市也相继实验黑白电视播出。1958 年 10 月 1 日，上海电视台开始试播；1958 年 12 月 20 日，哈尔滨电视台（即黑龙江电视台）开始试播。

1959 年，江苏省无锡市建立中国第一座电视转播台，用差转的方式转播上海电视台的节目。1960 年年底，全国有电视台、试播台和转播台 29 座。

在此期间，有多名国家领导人曾来北京电视台参观、视察并指导工作。

20 世纪 60 年代初，由于国民经济严重困难而大部分电视台纷纷"下马"。在之后的文化大革命中，一些电视台又被迫停播。直到 1968 年，停播的电视台才陆续恢复播出，一些没有电视台的省、自治区也陆续开办电视台。到 1971 年，全国已建有电视台 32 座，电视发射台和转播台共 80 座。

此阶段，北京电视台的设备也有较大改善。1968 年，发射机的功率增加到 10kW，并在北京月坛公园内建成一座 196m 高的电视发射塔，覆盖半径达到 40 公里。

2. 我国彩色电视的播出

1959 年 10 月 19 日，国家主席刘少奇在视察中央广播事业局时指出：要搞彩色电视。遵照此指示，经过一年零四个月的研究，于 1960 年 5 月 1 日，北京电视台彩色电视实验播出成功，但当时因国家经济困难而停止实验。

1970 年 1 月，在全国电视专业会议上重新确定要集中力量研制彩色电视。

1972 年 10 月，我国派出代表团考察了法国、瑞士、联邦德国、荷兰、英国等五个国家彩色电视的发展状况，作出了使用 PAL 制作为我国彩色电视暂行标准的决定。

1973 年 4 月 14 日，北京电视台开始试播彩色电视。同年 10 月 1 日，北京电视台彩色电视节目正式播出。

北京电视台彩色电视节目开播时的台标

自 1977 年 5 月开始，北京电视台的第一套节目全部改成由彩色播出，完成了我国电视由黑白向彩色的过渡。

3. 中央电视台

1978 年 5 月 1 日，北京电视台改名为中央电视台。因其对外名称是"中国中央电视台"，所以其台标用"CCTV"（China Central Television）表示。

北京电视台改名为中央电视台时使用的台标

到 1979 年 5 月，当时全国的 29 个省、市、自治区都建立了电视台。

1985 年，中央电视台彩电中心大楼建成，中央电视台迁入该新址。1994 年，在北京玉渊潭西畔建成中央电视发射塔。

2008 年，又建成中央电视台新大楼。

北京月坛公园 196m 高的电视发射塔

中央电视台彩电中心大楼

北京玉渊潭西畔的中央电视发射塔

2008 年建成的中央电视台新楼

二、发展迅速

1. 电视转播台

20 世纪 70 年代中期，随着电视机的普及和彩色电视的兴起，全国各县级以上的城市皆建立了电视转播台。但由于当时技术条件的限制，传送信号的手段只能靠差转或传递录像带。70 年代后期，初步形成了全国广播电视微波传输网。80 年代中期，我国开始用"通信卫星"传输广播电视节目。微波通讯技术和卫星通讯技术的应用，为广播电视的传输提供了便利。

在 1983 年 3 月召开的第十一次全国广播电视工作会议上，又提出了"四级办广播、四级办电视、四级混合覆盖"的方针。政策的保证和技术的进步推动了我国广播电视事业的发展。1983～1988 年，全国电视转播台的数量急剧增加，基本在全国形成了一个无线电视覆盖网。

20 世纪末到 21 世纪初，国内又实施了"三小站工程"、"村村通工程"、"西新工程"及"农村无线覆盖工程"，这些工程使电视转播台的建设得到空前加强。

据有关部门统计，截止到 2008 年，全国共有电视发射台、转播台近 18500 座（其中 100W 以上的发射台、转播台约 3300 座），电视发射机 32600 余部，发射总功率超过 12000kW。

20 世纪 80 年代后期建成的某县级电视转播台

2. 有线电视

●有线电视的兴起和发展

为避免相互干扰，各城镇所设的无线电视台应在 2～6 个之间。20 世纪 80 年代，城镇居民的电视机拥有量开始增多，一部电视机只能收看几套电视节目已不能满足民众的要求。为使民众能看到多套电视，有线电视应运而生。

20 世纪 80 年代中期，广播电视节目的上卫星为有线电视创造了条件。到 80 年代后期，我国出现兴办有线电视的热潮，城镇的有线电视台像雨后春笋一样地涌现。

1988 年 9 月，广播电影电视部决定在湖北省沙市建有线电视网作为全国城市发展有线电视的试点工程。该工程于 1988 年 12 月启动，1989 年国庆节前开通，当时可传 10 套电视节目。1991 年 1 月 21 日，广播电影电视部（91）广地有字 1 号文件批复，正式批准沙市建立有线广播电视台，呼号是"沙市有线广播电视台"。这是被正式批准的全国第一家城市有线广播电视台。

此后，全国各县级以上城市和大型厂矿企业纷纷组建有线电视网，条件成熟的被相关部门批准成立了有线广播电视台。

为规范有线电视的发展，广播电影电视部于 1990 年 11 月 16 日发布了《有线电视管理暂行办法》〔广播电影电视部令（第 2 号）〕。1991 年 4 月，广播电影电视部又发布了《〈有线电视管理暂行办法〉实施细则》，明确提出，我国的有线电视是广播电视事业的重要组成部分，是无线电视的延伸和补充。自此，有线电视进入到法制管理的规范化发展阶段，加快了朝着大容量、数字化、双向功能、区域联网等方向迈进的步伐。

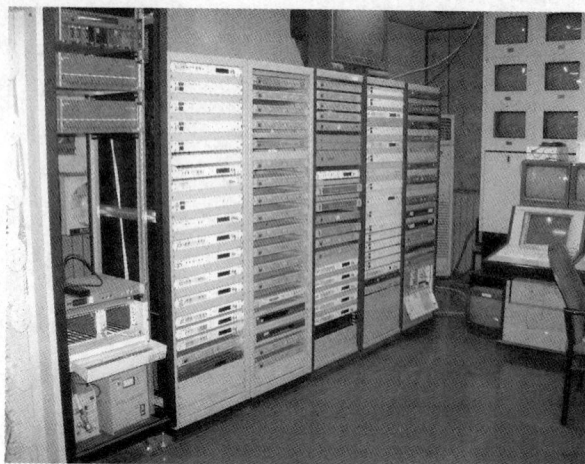

某大型企业的有线电视前端机房

据有关部门统计，到 1997 年年底，经广播电影电视部批准的有线广播电视台已有 1300 家，有线电视用户已达 8000 万户。到 2002 年，全国有线电视用户已近 1 亿，入户率约为 28%。

● 有线电视向数字化过渡

数字电视已成为当今世界电视发展的趋势。许多国家已在逐步实现模拟电视向数字电视的转换。我国确定模拟电视向数字电视转换先从有线电视做起。

早在 1995 年，国内一些电台、电视台就开始进行制播系统及传输系统各环节实施数字化的研究，积极推进由模拟技术向数字技术的过渡。中央电视台和各省（市）级电视台也都以相当快的速度进行制播设备的数字化改造。这些都为数字化节目的制作、传输与接入奠定了基础。

2001 年，在国家发展计划委员会的组织下，中视联数字系统有限公司（简称中视联，该公司为中国数字电视产业联盟所组建）就与深圳有线电视网络合作进行了有线数字电视的实验，并于 2003 年投入商业运营。

2003 年 10 月，国家广播电影电视总局发布了《我国有线电视向数字化过渡时间表》，确定了我国有线电视向数字化过渡的四个阶段，即：第一阶段：到 2005 年，直辖市、东部地区地（市）级以上城市、中部地区省会市和部分地（市）级城市、西部地区部分省会市的有线电视完成向数字化过渡。第二阶段：到 2008 年，东部地区县级以上城市、中部地区地（市）级城市和大部分县级城市、西部地区部分地（市）级以上城市和少数县级城市的有线电视基本完成向数字化过渡。第三阶段：到 2010 年，中部地区县级城市、西部地区大部分县级以上城市的有线电视基本完成向数字化过渡。第四阶段：到 2015 年，西部地区县级城市的有线电视基本完成向数字化过渡，停止模拟广播电视的播出。

　　基于此时间表的指导，2003 年 10 月，山东青岛全面启动由模拟向数字整体转换的有线电视数字化改造，创造了"青岛模式"。2003 年 12 月 30 日，广东佛山学习"青岛模式"开始有线数字电视整体平移试验，创造了"佛山经验"。2004 年 10 月，浙江杭州开始有线数字电视整体转换，形成了"杭州做法"。2004 年至 2005 年，成为我国有线数字电视市场的启动期。2005 年 7 月 1 日，深圳市的有线电视数字化整体转换正式启动。

　　经过有线电视数字化的试点探索之后，广电总局明确"整体转换"是根本途径，并制定了"政府领导、广电实施、社会参与、群众认可、整体转换、市场运作"的有线数字电视"整体平移"方案，要"通过免费发放机顶盒的方式，使整个社区、城区、城市在较短的时间内完成数字化的转换"。

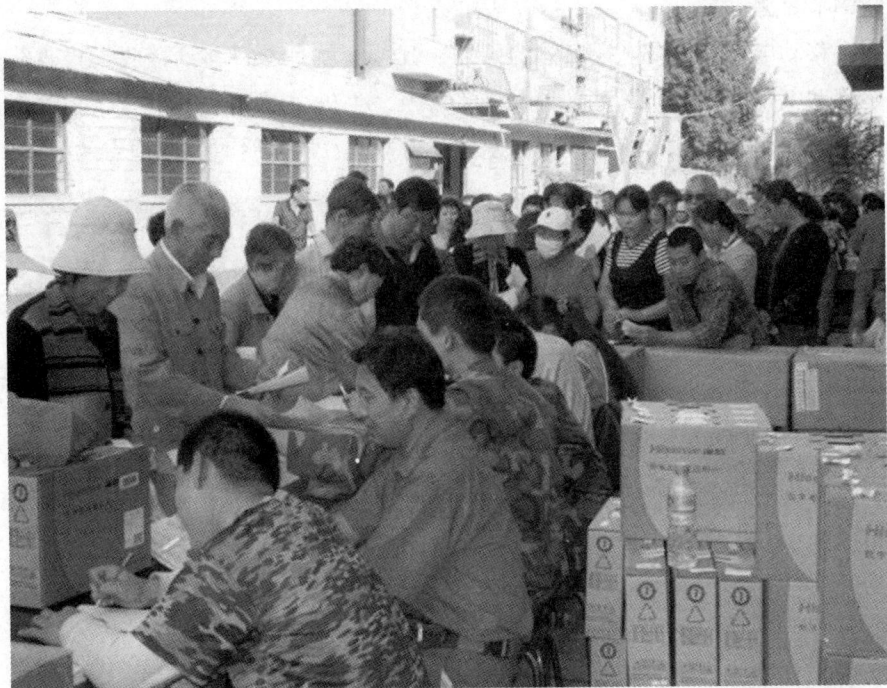

有线电视数字化"整体转换"中用户申领机顶盒的场景

　　进行数字化转换的有线电视网络，应进行技术升级改造，一般应建成 750MHz 的 HFC 光电混合网。已完成数字化转换的有线电视系统，一般能传送数百套电视节目，还能进行数据广播、数字音频广播、电子节目导视以及影视点播等多项业务。

　　目前，全国各省级有线电视台基本都在有线电视数字化整体平移的基础上成立了网络公司，并进行了全省（自治区）及全国联网。

　　截止到 2008 年，我国有线电视入户数已接近 1.64 亿（其中数字电视用户近 450 万），有线电视入户率已近 42%。

3. 移动电视

2000 年，我国在上海、北京和深圳三个城市进行了移动电视试验。

2002 年，上海成功地开发了国内首套数字移动电视系统，在市内 2000 多辆公交车上开通了数字移动电视及其相关服务，取得了成功。这是继新加坡之后世界上第二个建成移动电视的城市。

2004 年 5 月，北京移动电视也试播成功。

2006 年 10 月，国家广电总局颁布了中国移动多媒体广播，即：CMMB（China Mobile Multimedia Broadcasting）行业标准。它是国内自主研发的第一套组建移动广播电视系统的标准。CMMB 的推广模式有五种主要业务，即：电视广播、声音广播、数据广播、电子业务指南和紧急广播。广电总局明确表示支持 CMMB，愿意为它提供大量的节目源。

数字移动电视是传统电视媒体的延伸，其特点就是支持移动接收。接收终端既可以是移动电视接收机，又可以是 DVD、MP4、手机、PDA 及笔记本电脑等多媒体设备。使人们能够随时随地地看到电视和获得资讯，不再受时间和地点的限制。

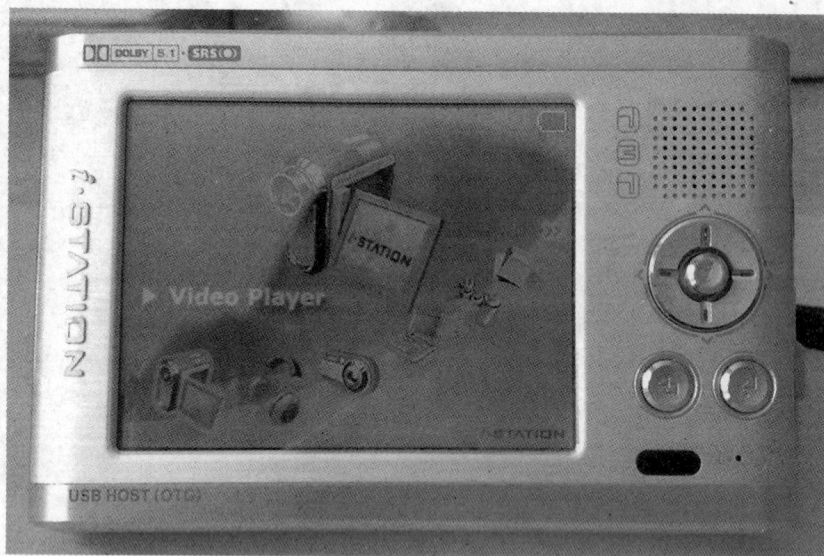

便携式多媒体播放器（MP4）

用 CMMB 标准可以组建单频网，即用同一个频率实现大范围覆盖。这既有利于移动跨度大的受体进行移动接收，又可节省宝贵的频率资源。

2008 年北京主办奥运会成为我国发展移动电视的契机。那一年，移动电视网络已覆盖包括 6 大奥运城市在内的 37 个重点城市。从 2009 年开始，我国 CMMB 转入试商用，逐步提供多种类的广播电视节目和信息服务，如政务、新闻、交通、天气、教育、医疗等图文信息和股票信息等。

4. 卫星直播电视

1974 年，当时的中央广播事业局就认识到，要从根本上解决我国广播电视的覆盖问题，就必须发展卫星广播电视。

2008 年 6 月 9 日，我国"中星 9 号"卫星成功发射，其服务范围覆盖了我国的全部国土。它具有传输 150 ~ 200 套标清和高清电视节目的能力，用户可用直径 0.45m ~ 0.6m 的小型天线直接接收该星转播的广播电视节目。

"中星 9 号"直播卫星是我国第一颗以直播业务为主的通信卫星。它投入使用后，首先用于广播电视"村村通工程"，从而从根本上解决了边远地区群众收听收看广播电视难的问题。

直播卫星传送的节目套数多、传输质量好，是成为我国广大偏僻的乡村牧区收听收看广播电视节目的最经济、最方便、最有效的方式。

接收直播卫星信号的天线、机顶盒和电视接收机

5. 网上电视播出

目前，我国地区级以上的电视台都建立了自己的网站。凡互联网所到之处，用计算机终端就能收看这些台的节目。有些台还实现了互动和点播，这些都有效地扩大了广播电视的覆盖和服务范围。

从电视覆盖的角度来讲，我国已形成"天上一颗星、地上四张网"的格局。"天上一颗星"就是指直播卫星，"地上四张网"则是无线转播覆盖网、微波传输网、光缆电缆传输覆盖网和互联网。据有关部门统计，截止到 2008 年，我国电视的综合人口覆盖率已近 97%。

6. 高清电视

1999 年 10 月 1 日，中央电视台对中华人民共和国成立 50 周年大庆阅兵式采用高清数字电视进行了试验转播。

2006 年 1 月 1 日，中央电视台的"高清影视"频道和上海文广新闻传媒集团（简称"上海文广"）的"新视觉"高清频道正式播出。

2008 年 5 月 1 日，中央电视台"高清综合"频道正式开播；同一天，北京电视台的"奥运高清"频道也在北京地区正式试播。

"高清综合"频道是中央电视台第一个开路播出的高清电视频道，其台标为"CCTV - 高清"。节目构成包括：体育节目、影视剧、专题片、纪录片、综艺娱乐节目、音乐戏曲节目、动画片及经济节目等，全天 24 小时播出。奥运期间，该频道与央视奥运频道并机，全程转播了北京奥运会的开幕式、闭幕式以及各项赛事等。

中央电视台的"高清综合"频道还通过中星 6B 卫星覆盖全国。全国各地可通过地面数字电视进行无线转播、有线数字电视直接入户和直接接收卫星信号等方式来收看"高清综合"频道的节目。

我国高清电视的发展目前虽有节目源储备不足、高清电视机制作标准不统一及高清机顶盒价格昂贵等因素的制约，但前景还是广阔的。我国计划在 2015 年基本停止模拟电视的播出，全面实现高清数字电视的有线、无线和卫星播出。

第三篇

电影发展简史

第一章　电影科技发展简介

一、技术奠基

1. 电影源于摄影

电影源于摄影。摄影原理很早就被人们发现，但直到 1826 年，法国发明家尼埃普斯（1765～1833）才用自己发明的照相机拍摄出世界上保存下来的第一张照片《窗外景色》，曝光时间为 8 小时。

法国发明家尼埃普斯

尼埃普斯发明的照相机

世界上保存下来的第一张照片《窗外景色》

2. 电影技术基础

电影技术基于视觉滞留和活动影像的连续拍摄。

视觉滞留的理论是伟大英国物理学家牛顿（1642～1727）首先提出的。而实践了连续拍摄的则是英国摄影师麦布里奇（1830～1904）。1872～1878年，麦布里奇为给打赌人证实马奔跑时始终有一蹄着地，耗费了7年时间和大量经费，设计了一套装置，对奔跑的马进行了连续拍摄。结果发现，当把这些间断拍摄的照片在幻灯机中连续播放时，却得到了奔马的影像。这就为电影技术奠定了基础。

英国物理学家牛顿

英国摄影师麦布里奇

麦布里奇拍摄奔马图所用的装置

麦布里奇拍摄的奔马图

3. 电影技术雏形

法国生物学家马莱从上述实验中得到启迪，他开始运用连续摄影来研究动物动作形态，并在 1888 年制造出"固定底片连续摄影机"，这就是现代摄影机的鼻祖。此后，许多发明家着眼于电影摄影机的研制，如美国大发明家爱迪生就在 1891 年研制出活动电影放映机，即"电影视镜"。

马莱制造的人类第一架摄影机（左）和爱迪生发明的活动电影放映机（右）

4. 电影的诞生

1895 年，法国发明家卢米埃尔兄弟对爱迪生的"电影视镜"进行了改进，制造出"活动电影机"，它可把影片放映到远距离的银幕上，供多人观看。

1895 年 12 月 28 日，卢米埃尔兄弟用这个机器在法国巴黎卡普路 14 号大咖啡馆的地下室里首次公映了他们拍摄的《工厂的大门》、《火车进站》等短片集锦，这一天标志着电影的诞生。

法国发明家卢米埃尔兄弟　　　　　　　　卢米埃尔兄弟在研制"活动电影机"

卢米埃尔兄弟发明的"活动电影机"的外观（左）和内部（右）

《工厂的大门》剧照

《火车进站》剧照

二、发展进程

电影是艺术，但其发展却依托于技术。应该说电影是艺术与技术的完美结合。

1. 默片

电影诞生之初，是黑白无声影片，称默片。较驰名的默片是英国著名幽默大师卓别林主演的无声电影《摩登时代》和《城市之光》。

无声电影《摩登时代》剧照

2. 有声电影

●世界第一部有声电影

1926 年，美国贝尔电话公司与西屋电子公司合作，研究成功机械还音方式"维它风"系统，即大型蜡盘唱片系统＋电子管放大器＋扬声器的联合还音装置，它可使音画同步。

1927 年 10 月，美国华纳兄弟制片公司使用"维它风"系统推出世界第一部有声电影《爵士歌王》。

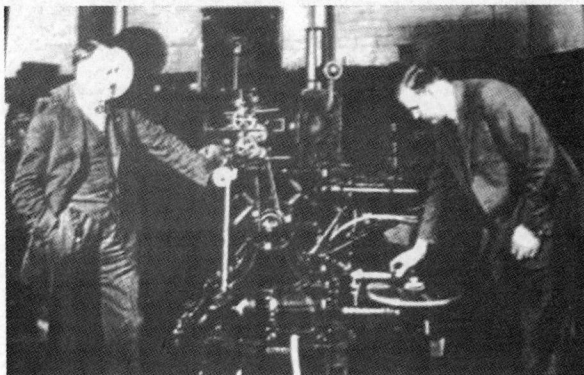

"维它风"系统

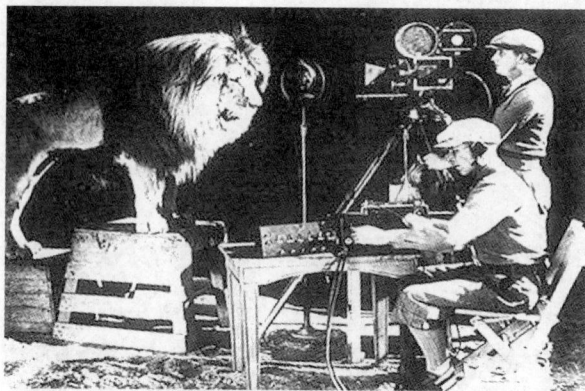

早期有声电影拍摄现场

世界第一部有声电影《爵士歌王》剧照

● **中国第一部有声电影**

1931 年 3 月，上海明星影片公司与法国百代唱片公司合作，拍出中国第一部有声电影《歌女红牡丹》。

中国第一部有声电影《歌女红牡丹》剧照

3. 彩色电影

●世界第一部彩色电影

1900 年，法国的梅利埃斯和帕特曾采用模板机械印制法逐幅画成彩色电影胶片。1912 年，德国的菲舍尔发现，利用某些化学物质的氧化和耦合作用可以生成颜料。在此之后，贝拉·加斯帕发明了分解胶片颜色膜成像的彩色技术，为彩色电影的拍摄探索出道路。直到现在，化学构色法仍是彩色电影胶片制作的根本方法。不过真正奠定今天彩色电影技术基础的是 1932 年在美国出现的三基色色染印法和1935 年至 1936 年在美国及德国出现的多层乳剂彩色胶片。前者主要在 20 世纪 30 年代中期至 40 年代中后期使用；后者在 1945 年以后开始使用，于 20 世纪 50 年代得到推广。

1932 年，美国迪士尼就用三基色色染印法拍摄成功世界第一部彩色动画片《花与树》。

1935 年，美国的马摩里安摄制了世界上第一部彩色故事片《浮华世界》（由美国雷电华公司发行），这是世界上第一部采用了三色染色工艺的长故事片。从此彩色电影开始风靡世界。

世界第一部彩色动画片《花与树》海报

彩色动画片《花与树》剧照

●中国第一部彩色电影

中国第一部彩色电影是 1948 年 11 月华艺影片公司摄制的京剧艺术片《生死

恨》，由京剧大师梅兰芳表演。新中国成立后的第一部彩色电影是 1953 年由上海电影制片厂摄制的越剧艺术片《梁山伯与祝英台》。

中国第一部彩色电影《生死恨》剧照

新中国成立后的第一部彩色电影《梁山伯与祝英台》剧照

4. 特效电影

随着电影技术的进步，电影艺术也在不断地创新，影坛上相继出现了如下几种特殊效果的电影。

●宽银幕电影

宽银幕电影的特点是银幕宽高比例与人们观察事物的习惯相一致，它适合表现宏大的场景。世界第一部彩色宽银幕电影是 1953 年由美国百狐公司推出的《祭服》。

早期露天放映宽银幕电影的场景　　　　　现代宽银幕电影放映厅

●立体声电影

立体声电影的特点是音响氛围浓厚，使观众能辨别声源的位置，增加了真实感。世界第一部立体声电影是 1940 年美国迪士尼推出的《幻想曲》（目前流行的《幻想曲 2000》是迪士尼 1940 年推出的《幻想曲 1940》的续曲）。

《幻想曲 2000》剧照

●立体电影

立体电影亦称 3D（三维）电影。它是将不同视角摄制的两幅画面同时放映到同一银幕上，观看时戴上专备的偏光眼镜，能使观看者产生立体视觉。由于该种电影能使观众体会到明显的纵深感，所以仿佛身临其境。

【我国第一部立体声电影】

我国第一部彩色宽银幕立体声电影是 1958 年上海电影制片厂拍摄的故事片《老兵新传》。

彩色宽银幕立体声电影《老兵新传》剧照

【我国第一部宽银幕立体电影】

我国第一部彩色宽银幕立体电影是 1962 年上海天马电影制片厂拍摄的《魔术师的奇遇》。

《魔术师的奇遇》剧照

● **环幕电影**

法国人格里姆·塞宋于 1897 年发明了一种"圆景电影",并获得了专利。

在 1900 年的巴黎世博会上,格里姆·塞宋对"圆景电影"进行了演示。演示是在埃菲尔铁塔广场前一个高约 10m、类似跑马场那样的大厅内进行的。该大厅的顶部用布幔蒙住,内壁用 100m 长白色帷幕做成环形银幕。大厅中央有一个巨型的模拟热气球吊篮，上面乘坐观众；吊篮下面装有 10 台连锁在一起的放映机呈圆形排列。放映时，10 台放映机同步开动，将塞宋提前用 10 台摄影机从热气球上同步拍摄的画面投向 360 度的百米电影幕墙上。虽然因当时光学水平及电光源技术的低下而使播放的影像质量欠佳，但是宏大的视野和逼真的效果确实让人惊叹。当时播放的影片名叫《跨越欧亚两洲的氢气球旅行》。

上述放映进行到第三场时，因设备过热而险些发生火灾，所以被迫停止演示。这次演示虽然没有取得成功，却成为环幕电影的先驱。

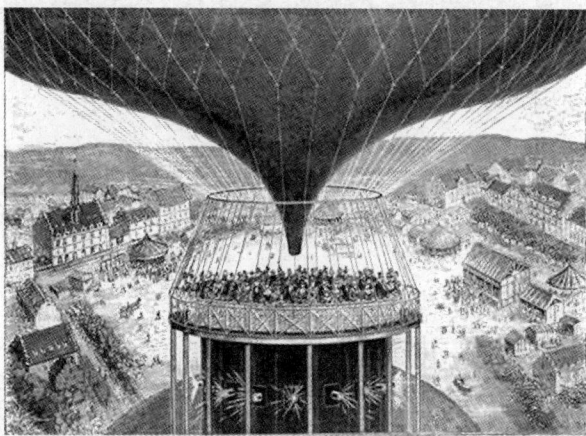

"圆景电影"演示场景示意图

1955 年，美国人华特·迪士尼在洛杉矶用 11 台摄影机拍摄环幕影片，并用 11 台电气连锁的放映机在一个直径为 12m 的圆柱形放映厅内放映，从圆柱形银幕外面，穿过 11 块银幕间黑色挡条上的窗口向对面银幕放映，取得了成功，这成为环幕电影走向实用的新起点。

之后，环幕电影逐渐形成固定的模式，即：银幕围成一个直径十几米的大圆圈，呈 360 度环形；用 11 台（或 9 台）放映机同时将不同的画面依次放映到环形银幕上，并配上相应的音响效果。观看者站在中间，由于观众四周被影像和声音包围，所以有身临其境的真实感。

20 世纪 60 年代以后，美国、苏联及日本等国，相继出现了多种不同制式的环幕电影。环幕电影的制式用画面部分所用胶片的规格和屏幕幅数（即屏幕条数）来表示，一般分 16mm/11 条、35mm/9 条、35mm/11 条（或 22 条）及 70mm/3 条等多种制式。

我国自主开发的环幕电影制式为 35mm/9 条，完成于 1986 年。当年，我国就成功地摄制出第一部环幕电影《广州风貌》。

1988 年年底，我国建成第一座环幕电影院——北京环幕电影实验影院。到 21 世纪初，我国已建成环幕电影院约 20 座，已摄制环幕影片约 10 部。

视野开阔的环幕电影银幕

环幕电影的观看现场

●球幕电影

球幕电影又称"圆穹电影"或"穹幕电影"，它是20世纪70年代后期兴起的一种新型电影。观众厅为巨型穹顶式结构，画面要比普通银幕大10倍。拍摄是用特制的广角鱼眼镜头把上下左右半个球范围内所有景象都拍摄下来，放映则是将影像投放在呈180度的半球形银幕上。由于球幕电影与人们观察物体时的视角相适应，所以给人以极强的真实感。

【我国最大的球幕影院】

中国科技馆新馆的球幕影院是我国最大的球幕影院，也是目前世界上最大的球幕影院。该影院的半球形银幕直径为30m，电影画面面积约为1000m²。该影院拥有"巨型超大银幕"（IMAX）放映设备及世界领先的光学天象仪和数字辅助投影系统，并配有6声道立体声系统。既可放映球幕电影又可演示天象节目。

中国科技馆新馆球幕影院外观

中国科技馆新馆球幕影院内景

【数字化宇宙剧场】

　　北京天文馆的球幕影院属于另一类型的球幕影院，通称数字化宇宙剧场，它主要演示一些宇宙场景。其人造星空不是采用光学投影方式实现，而是把星座真实数

北京天文馆的球幕影院

据输入电脑，再用这些数据编排成节目所需要的图像，然后通过多个投影仪将这些电脑生成的图像拼接在整个穹幕上。目前北京天文馆球幕影院播映的影片有《到宇宙去旅行》、《奇妙的星空》等，也播映一些数字天象节目如《神奇的宇宙》等。

北京天文馆上映的数字天象节目《神奇的宇宙》剧照

● 多维电影

多维电影是指四维（4D）和五维（5D）电影。

【四维（4D）电影】

四维（4D）是指三维立体加时间。4D电影就是立体加动感。它是通过动感来表现电影情节的发展随时间而推移，使观众有身临其境的感觉。4D影院内装有特殊结构的坐椅，它能根据剧情的变化而震动或摇晃。

4D影院有平面、环形和球幕之分。平面和环形4D影院观众必须佩戴偏光眼镜才能看到立体动态图像，而球幕4D影院观众不戴偏光眼镜就可看到立体动态图像。4D影院中的数字立体电影是通过计算机模拟生成的，它可表现一般摄像机难以达到的拍摄内容，还可表现不在同一时空的事物。目前我国很多城市都建了4D影院，较流行的4D影片有《深海探险》、《恐龙危机》等。

4D影院中特殊结构的坐椅

球幕 4D 电影院中的宣传片

【五维（5D）电影】

5D 电影是台湾跃狮公司提出的一个新概念，它就是在 4D 的基础上又加了互动，即观众可与剧情沟通互动。5D 影院装有互动设备，观众可以主动控制影片情节的发展。5D 电影的放映装置不是一般的放映机，而是较复杂的计算机系统。或者说 5D 电影就是在大型场景下观众在计算机上玩互动游戏。

中国第一部 5D 影片是台湾跃狮公司制作的《清明上河图》。目前我国长春长影世纪城可放映 5D 电影。

5D 电影《清明上河图》（宣传画）

长春长影世纪城

● 其他特效电影

在特效电影中，较流行的还有激光电影、水幕电影、巨幕电影、地幕电影等。此外，还有所谓的浮雕电影、凹三面银幕电影、触觉电影、香味电影、隧道电影以及全息电影等。因为有些属于开拓市场的探索，制作、放映都很复杂，所以并不为广大观众所关注。

5. 数字电影

世纪之交，数字电影问世。1999 年 6 月，美国六家影院用数字放映机播放了《星球大战 1——魅影危机》，标志着开创了数字电影历史新纪元。

我国第一部真正使用数字摄影机拍摄的影片是上海电影制片厂 2002 年出品的《极地营救》。

美国数字电影《星球大战 1——魅影危机》剧照

我国第一部数字电影《极地营救》剧照

三、我国电影发展前景展望

21 世纪是数字技术时代，电影数字化也势在必行。数字化为电影的发展提供了机遇。数字电影的图像色彩清晰、鲜明、饱满，加上多声道环绕立体声的音响，将带给观众更真实的视听感受。在制作方面，数字技术可将图像分解成像素，然后重新组合，使创作随心所欲。在发行方面，它以数字文件的形式传送，可通过网络、卫星或光盘直接送到用户终端。在播映方面，它用优质电子放映机依托宽带数字存储、传输技术实现。由于避免了多次翻制和放映导致的胶片损伤以及省却了拷贝和运输过程，所以可节约大量的时间和资金。

2004 年 3 月，国家广电总局下发了《电影数字化发展纲要》。不久的将来，大量艺术水平上乘、技术质量高超的数字电影将流行于市，数字电影院也将成为中国电影放映市场的主流。

数字电影制作设备

第二章 中国电影事业发展简介

一、回顾历史

1. 电影首次传入中国

1896 年 8 月 11 日，法国商人在上海闸北西唐家弄徐园的"又一村"茶楼放映了"西洋影戏"，这是电影首次传入中国。1903 年，中国商人自国外携带影片和放映机，在北京天乐茶园公开放映电影，这是中国人自己输入影片并在中国放映的开始。同年，北京出现了中国最早的电影院——《大观楼》影院。

早年北京放电影的茶园（左）和我国最早的电影院——"大观楼"（右）

2. 中国第一部电影

1905 年，北京丰泰照相馆拍摄了我国第一部电影《定军山》，它是著名京剧表演艺术家谭鑫培表演的京剧，导演是北京丰泰照相馆和大观楼影院的创办人任景丰，该片时长仅为 5 分钟左右。

我国拍摄的第一部电影——《定军山》剧照

中国第一位导演任景丰

3. 中国最早的电影制片公司

1909 年，美国电影商投资在上海创办了中国第一家电影制片公司"亚西亚影戏公司"。

"亚西亚影戏公司"旧址——上海香港路 1 号

"亚西亚影戏公司"拍片现场工作场景

4. 中国人自己的电影制片公司

1912 年，张石川与郑正秋在上海成立了中国人自己的第一家电影制片公司——"新民公司"，承包了亚西亚影戏公司的编、导、演等业务。

1913 年，该公司拍摄了由郑正秋编剧的中国第一部电影故事片《难夫难妻》。

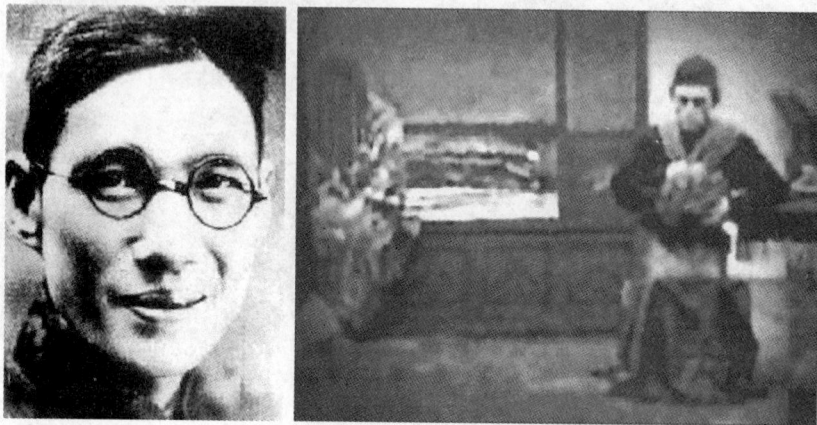

"新民公司"创始人郑正秋（左）及《难夫难妻》剧照（右）

5. 中国共产党领导的最早的电影制作和放映机构

1938 年 9 月，在延安成立了八路军总政治部电影团，这是中国共产党领导的最早的电影制作和放映机构。该团于 1939 年摄制了大型纪录片《延安与八路军》，1942 年又拍摄了《生产、战斗结合起来》（后改名为《南泥湾》）等纪录片。在《南泥湾》即将拍完时，毛泽东主席曾为该片题词："自己动手"、"丰衣足食"。

《延安与八路军》剧照　　　　毛泽东主席为影片《南泥湾》题词

6. 中国共产党领导的第一座电影制片厂

1946 年 10 月，中共中央东北局在接收日本"满洲映画株式会社"的基础上，于黑龙江省鹤岗市创立了中国共产党领导的第一座电影制片厂——东北电影制片厂。该厂 1949 年 4 月回迁长春，1949 年 5 月，该厂拍摄了新中国第一部电影故事片《桥》。

1955 年 2 月，东北电影制片厂正式更名为"长春电影制片厂"。

东北电影制片厂旧址

长春电影制片厂

新中国第一部电影故事片《桥》剧照

二、百年风云

1. 新中国成立前的电影事业

中国电影已有百年历史。20 世纪 20~40 年代，尽管战火连绵不断，但还是出现了一批诸如《风云儿女》、《十字街头》、《马路天使》等名垂青史的经典影片。其中《风云儿女》的主题歌《义勇军进行曲》在中华人民共和国成立后，被确定为中华人民共和国国歌。

电影《风云儿女》剧照

电影《马路天使》剧照

2. 新中国成立后的电影事业

●新中国成立初期

新中国成立后，虽然政治风云变幻多端，但也有一批优秀影片如《白毛女》、《平原游击队》、《上甘岭》、《柳堡的故事》等载入电影史册。

电影《白毛女》剧照

电影《平原游击队》剧照

电影《上甘岭》剧照

电影《柳堡的故事》剧照

●文化大革命时期

文化大革命十年动乱，几乎使电影陷入灭顶之灾，但仍拍摄了包括革命现代京剧《智取威虎山》、《红灯记》及革命现代芭蕾舞剧《白毛女》等8个样板戏在内的11部电影。

革命现代京剧《智取威虎山》剧照

革命现代芭蕾舞剧《白毛女》剧照

革命现代京剧《红灯记》剧照

● **改革开放初期**

1978 年改革开放以后，我国电影事业蓬勃发展，带有新时代改革开放意识并具有中国特色的电影层出不穷，如《红高粱》、《人生》、《开国大典》、《大决战》等影片就颇具代表性。

电影《开国大典》剧照

●**市场经济时期**

1992 年，电影体制开始由计划经济向市场经济转型。2002 年之后，市场经济体系逐趋完善，电影产业进入良性循环的快速发展时期。此阶段出现了《集结号》、《英雄》、《天下无贼》、《梅兰芳》等国产大片，不但在国内创造了较高的票房价值，而且打入国际市场，在海外的发行量也空前增长。

电影《集结号》剧照

电影《英雄》剧照

从 1978 年到 2008 年 11 月，我国共生产故事影片 4500 余部，美术影片 400 余部、科教影片 3000 余部、纪录影片 2200 余部、电视电影 1100 部。仅 2007 年一年的年产量就达到 402 部，位居世界第三。

附 1：电影数字化发展纲要

2004 年 3 月 18 日，国家广播电影电视总局出台了《电影数字化发展纲要》，明确了我国电影数字化发展的总体目标。鼓励在电影科研、拍摄、制作、传输、放映、存储等领域积极推进数字化进程。2008 年 8 月，"国家中影数字制作基地"圆满落成。该基地是世界一流的基地，具有年制作 80 部电影故事片、200 部电视电影、500 集电视剧的生产能力。

国家中影数字制作基地制作机房

国家中影数字制作基地外景

附 2：2131 工程

1998 年，国家广电总局、文化部、国家发改委等 5 个部委实施对我国农村电影放映工作进行扶持的"2131 工程"。该项工程的内容是：在 21 世纪初，在广大农村实现一村一月放映一场电影的目标。

2005 年，党中央又作出了加快建设社会主义新农村的重大战略部署，要求加大投入，构建农村公共文化服务体系，大力实施农村电影放映工程。在此项工程中，国家广电总局为全国各县配置了流动电影放映车（见彩图 28）。

后　记

写历史，贵在真实与准确。写科技发展史，应注重每个阶段的"第一"，因它是从无到有的创新。我们就是本着此原则编写本书的。

本书文字参考资料的来源有三方面：一是已出版的史志资料，二是国家相关部门颁布的正式文件，三是互联网上的资料。资料来源渠道众多，对有些事件的真实性众说纷纭，有的甚至截然相反。我们不是史学家，无能力和时间去考证，因此只能从众，即以多数人的说法为准，如中国自拍的第一部电影的问题等。同样，对某一事件，不同资料也有不同的描述。我们只能通过对诸多资料的分析、比较，推敲出其最符合实际的说法，如电视发明的时间问题等。总之，我们对书中所记叙的史实都进行了多方面的核实和考证，务求成文后的资料尽量贴近历史真实。

本书的参考资料众多，限于篇幅不能一一罗列，其中主要的有：

《中国广播电视年鉴》（北京广播学院出版社出版）、《当代中国的广播电视》（方谟野主编，中国社会科学出版社出版）、《中国现代广播简史》（赵玉明著，中国广播电视出版社出版）、《广播电影电视专业技术发展简史》（刘洪才、郗世杰主编，中国广播电视出版社出版）、《全国广播电影电视业发展指标统计》（国家广播电影电视总局规划财务司主编）、《广播电视传输与发射技术》（国家广播电影电视总局无线局科技处主编）、《中国电影发展史》（程季华主编，中国电影出版社出版）、北京广播器材厂编写的厂史资料等。

此外还有互联网上传播的各类科技发展大事记、信息技术发展史以及北京、上海、天津、江苏等省市的收音机工业发展史等。

本书照片的来源也是三方面：一是自拍，二是朋友们提供，三是取于旧书报杂志、教科书、展品资料及产品广告等。

在此郑重声明：书中所有照片的著作权皆归原作者所有。由于种种原因，有些我们没联系到原作者，而在未征得同意的情况下使用了其照片，对此我们表示歉意。也请这些作者及时与我们联系。恳请各位作者给予谅解和支持。

我们的邮箱是：

金文中：nmgjwz@163.com

李建新：jianx98@sina.com

在照片提供方面，赵保伦、戈德瑞、温子军、胡宝林、张辉、杨峰、苗文、李陆中等诸位先生给予了热情的帮助，在此对他们表示诚挚的感谢。

编　者

2012 年 9 月 15 日

纪念碑碑文释义：
1902年，内森·B·斯塔布菲尔德
（1860～1928）通过无线电的形
式传播了人类的声音，是无线电
广播的发明者。他在10年前就完
成了此项实验，他家就在此以西
100英尺处。

图1　美国肯塔基州立穆雷大学内的内森·B·斯塔布菲尔德纪念碑

图2　世界上第一座正规电视台的诞生地——伦敦市郊的亚历山大宫

图3 建设在草原上的微波中继站

图4 某乡镇卫星地面接收站

图5　广电系统用的数字音频工作站

图6　21世纪初某地区级人民广播电台播音室

图7 数字化改造后的某地区级电视台演播室

图8 数字化改造后的某省级电视台播出与控制机房

图9 我国第一台国产化"红星牌"电子管超外差式收音机

图10 "熊猫牌"（601型）6管超外差式收音机

图11 "美多牌"（663-2-6型）6管超外差式收音机

图12 "牡丹牌"6管超外差式收音机

图13 "北京牌"4管超外差来复式收音机

图14 "熊猫牌"B-802型3波段8管半导体超外差式收音机

图15 "美多牌"28A型2波段8管半导体超外差式收音机

图16 "牡丹牌"8402型2波段8管半导体超外差式收音机

图17　我国第一台电视接收机——"华夏第一屏"

图18　康佳高清数字彩色电视机

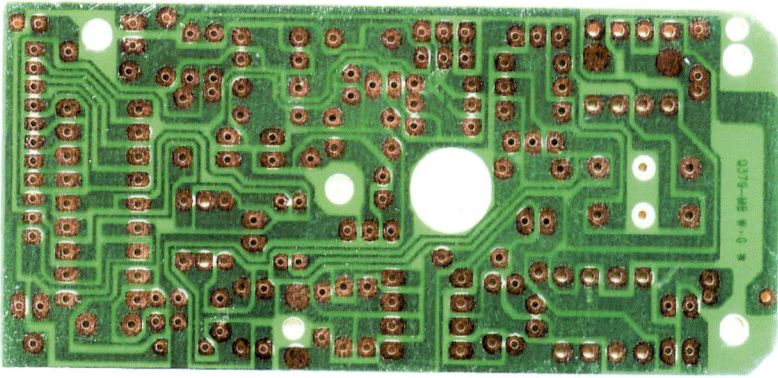

图19　单面印刷电路板

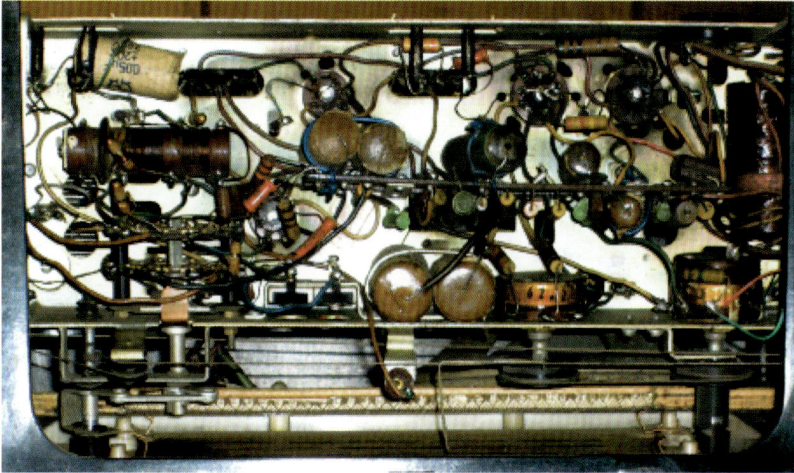

图20　国产6管超外差式收音机分立件装配元件排列实体图

图21　国产6管超外差式收音机分立件装配布线实体图

图22 美国拉斯维加斯的巨型天幕

图23 北京"世贸天阶"的亚洲第一大LED天幕

图24　某省级大功率中波发射台的天线场

图25　某省级大功率中波发射台的机房

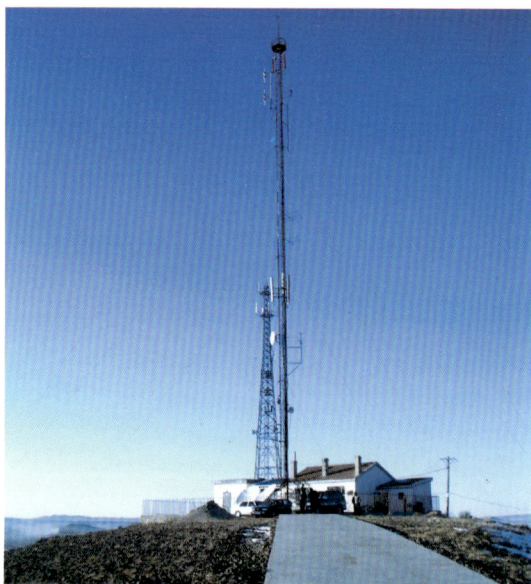
图26　某县级调频（电视）转播台外景

图27　某县级调频（电视）转播台机房

图28　国家广电总局为全国各县配置的流动电影放映车